U0361499

人文主义教育
经典文选

[美] C．W．凯林道夫 编

任钟印 译

北京大学出版社
PEKING UNIVERSITY PRESS

北京市版权局著作权合同登记号　01-2006-2666

图书在版编目(CIP)数据

人文主义教育经典文选/(美)C. W. 凯林道夫(Kallendorf,C. W.)编；
任钟印译. —北京：北京大学出版社,2012.1
(北大开放教育文丛)
ISBN 978-7-301-19838-4

Ⅰ. ①人…　Ⅱ. ①凯…　②任…　Ⅲ. ①人文主义教育思想-文集
Ⅳ. ①G40-02

中国版本图书馆 CIP 数据核字(2011)第 252270 号

HUMANIST EDUCATIONAL TREATISES (The I Tatti Renaissance Library)
Edited and Translated by Craig W. Kallendorf
Copyright © 2002 by the President and Fellows of Harvard College
Published by arrangement with Harvard University Press
Simplified Chinese translation copyright © 2012 by Peking University Press
ALL RIGHTS RESERVED.

书　　　名：人文主义教育经典文选
著作责任者：［美］C. W. 凯林道夫　编　任钟印　译
责 任 编 辑：刘　军
标 准 书 号：ISBN 978-7-301-19838-4/G·3271
出 版 发 行：北京大学出版社
地　　　址：北京市海淀区成府路 205 号　100871
网　　　址：http://www.jycb.org　http://www.pup.cn
电 子 邮 箱：zyl@pup.pku.edu.cn
电　　　话：邮购部 62752015　发行部 62750672　编辑部 62767346
　　　　　　出版部 62754962
印　　　者：北京飞达印刷有限责任公司
经 销 者：新华书店
　　　　　　890 毫米×1240 毫米　A5　7.75 印张　120 千字
　　　　　　2012 年 1 月第 1 版　2012 年 1 月第 1 次印刷
定　　　价：25.00 元

目　　录

1

导言

　　我们称之为人文学科的一组学科大约在 15 世纪初以其现代形式出现于意大利文艺复兴时期。人文学科（或studia humanitatis）的产生是一批今天称为人文主义者的学者、教师、作家和公众领袖所倡导的教育和文化改革运动的结果。大多数现代学者所定义的人文主义运动于 14 世纪在意大利从作为对经院主义教育挑战的反应的中世纪雄辩术传统中发展而来。中世纪经院主义教育压倒一切的重心是放在实际的、前专业的、科学的学科上，它把男人造就成医生、律师或专业的神学家，主要是教授经过批准的逻辑学、自然哲学、医学、法学和神学教科书。人文主义教育家反对这种对教育的实利主义态度，他们相信，教育应当有道德的目的，应当使年轻人适合于在宫廷和公众生活中发挥领导的作用。他们相信，达到这一结果的最好方法就是使男女青年潜心于古代的优秀著作，特别是诗歌、历史、雄辩术和道德哲学。与中世纪大学教授相反，文艺复兴时期人文主义者的目标是培养一个完整的社会、政治的精英群体，男女都一样，而不仅仅是其中男性前专业的那一部分。借用古典的语言说，他们主张教授"自由人"，即不需要为图谋生计而工作的人——因此，才有了 artes liberales（自由人学科）*这种表述。人文主义教育家旨在造就一种特殊类型的人，有德性的男人和女人。他们已经读过古代美德的有

----

　　* artes liberales，即 liberal arts，有译为自由艺术、人文学科、文理科等（包括艺术、自然科学、社会科学及人文学科）。——中译者注

权威性的榜样,并以此自期。他们是深思熟虑的,因为他们通过学习历史将人类的经验延伸到了遥远的过去。他们将是能言善辩并能将美德和深思熟虑传达给别人的人,因为他们研究了过去最雄辩的作家和演说家。

早期的人文主义者因此也就是特种类型的改革家,不是要改革制度的那一类人,而是在改进指导那些制度的人的素质时完全不触动制度本身的那一类人。可以说,他们是亚里士多德式的改革者,不是柏拉图式的改革者,他们的目的是通过"社会习惯和精神文化"①而不是通过社会的政治的工程去实现社会的利益。人类这种转变的重要工具就是古典教育:古典文学的典范作品,它们因为有着如此引人入胜的作用而被称为 bonae litterae(优美文学)或 litterae humaniores(更具人性的文学)。它们是能使你更道德更文明的文学。在意大利的中学和大学中讲授"更具人性的文学"的人到 15 世纪末就开始被称为人文主义者,它就是后来的"人文主义"这个名称由以建立的语义学上的根源。在 1390 年到 1440 年之间的半个世纪中,这种类型的人文主义者在意大利广为流行,在 15 世纪末传到北欧,直到 20 世纪它仍然牢牢地扎根于欧洲教育制度之中。

本辑的四篇论文连同马菲奥·维吉奥的《论儿童的教育和性格上的优点》②是意大利人文主义教育的最完善的

---

① 亚里士多德,政治学,卷 2,第 5 节,1263b。
② 本丛书有待翻译的未来一辑,C. W. 凯林道夫和克里斯托夫·康拉德编。

表达。当著名的教师如伽斯帕里诺·巴济扎(1360—1430)在帕都瓦和帕维亚,维多利诺·达·菲尔特尔(1370—1446)在曼都瓦,瓜里诺·达·维罗纳(1374—1460)在菲拉拉真正实践时,人文主义教育在课程中渐渐扩大了拉丁语作家的数目,并增加了希腊语言和文学的学习,帮助学生区分古代和从中世纪基督教世界遗传下来的价值观和表达方式。虽然总的说来它仍然和当时流行的基督教价值观和谐共存,但是,当人文主义教育普及于意大利和欧洲的中学和大学时,它促进了古典的人类视野与其中世纪基督教色彩的分离,在以后几代人中导致了一直流传到上个世纪初的基本上是世俗的学校课程。

维吉里奥、布鲁尼、庇柯洛米尼和瓜里诺的论文不是人文主义教育理论的唯一表达,但它们的影响最大。在英语各国,威廉·H.伍德华德在一个多世纪以前就已注意它们。但是它们的普遍流行应追溯到文艺复兴本身。① 这些论文,连同两篇古代教育家的重要作品,圣·巴西尔的《致年轻人的信》(列奥纳多·布鲁尼译)和伪普鲁塔克的《论儿童教育》(瓜里诺·达·维罗纳译)*形成了意大利人文主义教育家著作的核心,在 15 和 16 世纪,它们全都重印过很多次。甚至在印刷术发明以前,当书籍仍然是艰难地用手

① 威廉·H.伍德华德:《文艺复兴时期教育研究》(剑桥大学出版社,1906。纽约重印,哥伦比亚大学出版社,1967 年)。

* 普鲁塔克的论文《论儿童教育》的中文版见《昆体良教育论著选》附录,任钟印译,人民教育出版社,第 243—260 页(节译)。——中译者注

抄写时,这里提供的材料也曾一遍又一遍地被抄写。例如,列奥纳多·布鲁尼的论文至少被抄写过 127 次,重印过 15 次。[①] 而庇尔·保洛·维吉里奥的论文有三百多种手抄本和四十多种印刷版本被保留下来。

　　庇尔·保洛·维吉里奥大概于 1370 年 7 月 23 日出生于卡波迪斯特里亚,他在帕都瓦、佛罗伦萨和波洛那学习并教授艺术、医学和法律。他一边教学,一边为教会和神圣罗马帝国皇帝西吉斯蒙服务。他的著作反映了这一广阔领域的兴趣,从论诗韵学(De arte metrica)的论文和一部罗马戏剧家特仁斯传统的喜剧(Paulus),到论哲罗姆和论教会内部分裂的作品。1444 年 7 月 8 日,他死于布达佩斯。

　　《适合于自由民出身青年的性格和学科》大约写于1402—1403 年,它与本书的其他论文有些共同的特征。其一,它有显著的道德化的味道——教育必须使学生品德和学习俱优,即使是游戏的选择也要着眼于性格的增进。其二,这里的课程大纲不是以造就学者为宗旨,而是培养王子和贵族,他们是事务型人才,他们的生活为书本所指导和充实,但不仅仅局限于它们。美德和荣誉才是教育的目的,所学的学科都是适合于自由民的学科,这种自由民像他的希腊、罗马的祖先一样,容易悠游于武器和文学之间。然而在这些共同的和谐音之中,维吉里奥的论文也发出了显著不同的弦音。例如,他回到古希腊,探讨以文学、体操、音乐和

---

① 　参见詹姆斯·汉金斯:《列奥拉多·布鲁尼著作阅读指南》,第一卷。

绘画的四重划分为基础的教育,他非常详尽地发展了每个人都有不同才能、任何通用的课程大纲都必须适应学生的长处和弱点的观点。

列奥纳多·布鲁尼(1370—1444)是佛罗伦萨附近阿里佐城中一位谷物商的儿子。1390 年代布鲁尼开始在佛罗伦萨大学攻读法律,但很快深受弗朗西斯柯·彼特拉克最重要的弟子柯路西奥·萨路他提的影响。1397—1399 年,他跟拜占庭的流亡者马努尔·克里索罗拉斯学习希腊语,因而成了文艺复兴时期最早学习这种语言的西方人之一。他在 4 位教皇(英诺森七世、格里高利十二世、亚历山大五世和约翰二十三世)手下担任教皇秘书官,然后回到佛罗伦萨,在那里他作为一名学者独立地从事活动。1427 年,他被选为佛罗伦萨的大法官,在这个岗位上一直工作到去世。

布鲁尼是 15 世纪畅销书的作者,他那一代人中最主要的学者,深深地致力于促进、提高对意大利过去的古典著作的兴趣,模仿那些古典著作。晚近很多(也许过多)学者的注意力专注于布鲁尼的"市民人文主义"(civic humanism),在这种人文主义中他作出更大的努力使古典学术服务于他那个时代的政治需要。但他的成就远远大于这种努力可能暗示的意义。首先,他用一种新型的意译代替中世纪的直译(逐字翻译),他用这种技术翻译了很多重要的希腊文著作,包括当时受过教育的读者能得到的柏拉图、亚里士多德、普鲁塔克和狄摩西尼斯的著作。他发展了评价历史证据的新标准,据此写出了他的重要著作《佛罗伦萨人民史》①,他的佛罗伦萨市赞歌,以及他写给他的朋友维吉里奥的《对话》,它恢复了古典的形式而又充满了现代人感兴趣的内容。

论文《论学习文学》(写于 1422—1429 年之间,也许在 1424 年)在布鲁尼丰富的著作中占据适度的但有意义的地位,它没有提出一个完整的教育计划,但它集中关注哪些作家的作品可读,怎样读。在风格上,较之其他论文,它不太强调雄辩术,而更重视虔信作家的作品,这也许是由于与本书中的其他论文不同,它是写给一位女士的。然而它的简洁也许非常明白地传达了一个重要的原则:学习古人的著作不是为了鉴赏古董的训练,而是将古人的著作看做赖以生活的智慧的源泉,是为了提高语言上的熟练技巧,以促进清晰的思维和有说服力的交流。

伊尼亚斯·西尔维·庇柯洛米尼出生于 1405 年 10 月 18 日,他是一个被放逐的西恩那贵族家中 18 个孩子中的老大。他接受了良好的教育,首先是他家乡柯尔西纳诺的一个教区牧师的教育,然后上西恩那大学。毕业后,他到巴塞尔的市政会,在那里,他在一群要求使教皇的权威从属于市政会的人中找到了一个职位,这一经历导致他写出了他的主要文学作品《巴塞尔市政会评论》,并当选为自称的教

---

① 第 1—4 辑已见于本丛书:列奥纳多·布鲁尼:《佛罗伦萨人民史》,卷一;1—4 辑由詹姆斯·汉金斯编译,I TATTA 文艺复兴丛书第三辑(马萨诸塞州,坎布里奇:哈佛大学出版社,2001 年)。

皇菲力克斯第五的秘书。然后他在皇帝弗雷德里克三世的宫廷里找到了一个职位,他为这位皇帝完成了多项任务。1446 年,他被任命为牧师,与教皇达成和解,成为西恩那的红衣主教,然后自称为教皇,僭称自己为庇护二世。在他担任教皇的 6 年期间,他不倦地推动十字军从土耳其人手里夺回对君士坦丁堡的控制权*,这项计划随着他于 1464 年 8 月 14 日去世而寿终正寝。

《论男孩的教育》①(1450 年)是庇柯洛米尼的约二十四篇著作之一。这 24 篇著作大部分是有关历史和文学的。《论男孩的教育》是为奥地利、波希米亚和匈牙利的国王拉迪斯劳斯写的,该文分为两个主要部分,分别讨论身体的训练和头脑的训练。第一部分较短,讨论体育和自制,以在一切事情上保持节制作为指导原则。在头脑的训练中,首先讨论宗教教育,接着是一个详细的阅读和学习纲要。学习以文法为基础,区分为传统的几部分:正确地说话、阅读范文和作文。像那个时代的其他人文主义者一样,庇柯洛米尼的论述集中于雄辩学家、历史学家、诗人和道德哲学家中的典范作家。任何可能给学生的性格和信仰带来危险的作家,或者要完全排除在外,或者只读其删节本。然而,他转向其他自由人学科,并劝告说,年轻的国王应当有一点关

---

* 1453 年土耳其人攻陷君士坦丁堡,东罗马帝国灭亡。——中译者注

① 参见安东尼·格拉夫顿和利萨·贾丁:《从人文主义到人文学科:15 和 16 世纪欧洲的教育和自由人学科》(马萨诸塞州,坎布里奇,哈佛大学出版社,1986 年)。

于雄辩术、逻辑学、算术、几何、音乐和天文学的知识，但不必太多。

巴蒂斯塔·瓜里诺出生于 1434 年，他是伟大的人文主义教师维罗纳的瓜里诺最小的儿子，他由他的父亲以菲拉拉发展的教育方法进行教育。老瓜里诺曾在那里居于统治地位的埃斯特家族中担任家庭教师，并管理他的出色的学校。老瓜里诺的学校是欧洲最有名的学校，吸引了远至斯堪的纳维亚和英格兰的年轻人。21 岁时，巴蒂斯塔·瓜里诺在波洛那主持雄辩术讲座，但两年后他回到菲拉拉，在那里撰写他的教育论文，这是瓜里诺学校的实践的总结。在他父亲去世时，巴蒂斯塔接替他在大学的教授职务。他在那里专门从事版本校勘，并就罗马诗人伽都路斯的手抄本进行了广泛的工作。

《一份教与学的纲要》(1459 年)对初等水平的教育提供了一个详细的介绍，而这是例如布鲁尼所宁可忽略过去的。论文集中注意于井然有序的教学法明白地反映了教师的实践。论文的主题是文法，分成两个部分，第一部分称为"方法的"，它列举了全部八大词类的范例；第二部分称为"历史的"，它详细地讨论了历史知识和过去的成就。对方法的讨论包括对拉丁文的词形和对韵律的典型的观察。而"历史的"部分展开深入研究人文主义作家的准则。与庇柯洛米尼的论文比较，他更注重希腊作家。

这些论文为现代读者提供了有意义的观点，但是必须用它们自己的见解而不是用我们的见解去研究它们。例如,如果有人用后浪漫主义的新颖观念去理解这些论文,他肯定是要失望的。所有这些作者在写作时眼光都瞄着他们的前人。他们的同时代人在衡量他们的成就时,也是着眼于他们对前人了解多少以及怎样成功地将前人的资源整合到适应当代需要的新作品中去而又不丧失古代的风韵。15世纪的教育家具有达成这一点的方法:语录汇编。学者们列出一些将来可能对他们有用的标题,然后在阅读中将能说明某一标题的格言和故事收集起来。本书中论教育理论的论文显然是按照这种方法写成的。它们需要一位现代的编者通过收集可能使不熟悉过去的读写习惯的现代读者感到惊奇的资料以回顾这四位作者的学术背景。

这四篇论文的作者在大量古代资料中寻找材料。昆体良的《雄辩术原理》特别重要,因为它极其详尽地概括了古代罗马的教育理论和教育实践。论文《论儿童教育》(文艺复兴时期人们将它归于普鲁塔克)和圣·巴西尔的《给年轻人的信:论阅读异教书籍》都在这四篇论文中反复被提到。作为格言和简短故事的资料,我们感到它们经常依赖今天仍广为人知的希腊和拉丁作家,如西塞罗、辛尼加和普鲁塔克,以及在15世纪比在21世纪更流行的作家,如奥路斯·革利、维格西和瓦勒里·马克西姆。有些特殊的资料可能对四位教育理论家中的某一位作者更为重要,例如,庇柯洛米尼追随昆体良而又表现出对萨力斯布里的约翰的惊人的爱好。布鲁尼的论文反映了他对西塞罗的深入研究,而维吉里奥的论文表现出亚里士多德的风味。

　　站在 21 世纪的高度来看问题,可能还有人奇怪,这些论文的崇高的箴言怎样顺利地实际塑造着近代早期课堂里进行的工作。与理论相对的课堂实践在充斥于欧洲图书馆中的讲课记录汇编中得到了最充分的阐明。尽管对这些记录还有很多工作需要去做,但初步的分析表明,在缺乏创造力的教师的手上,日常的教学工作更多是倾向于去模仿庇柯洛米尼的拼音规则而较少倾向于维吉里奥关于阅读和学习的高贵效果的沉思。

　　然而,我们不应过分强调这一点。这一时期的文献也证明,像维多里诺·达·菲尔特尔和瓜里诺·达·维罗纳这样的教师是多么有创造性,他们在课堂中所做的都反映在本书所提供的四篇论文中。在一个短得惊人的时期内,这些原则以各种各样的形式改变了欧洲学校的状态,直到 20 世纪,在法国的国立中学(lycée)、意大利的古典中学(liceo classilo)或德国的文科中学(Gymnasium)中仍然可以辨认出来。当我们进入 21 世纪时,看到教育中的现行趋势的发展是令人感兴趣的,但是,对于关心准确表达、德行和与我们过去的文明相连接的意识的教师和学生来说,这四篇论文竟会变得完全文不对题,这是难以想象的。

　　我想表达对我的同事克里斯托夫·康拉德的感谢,他从头到尾阅读了我对维吉里奥和巴蒂斯塔·瓜里诺的论文的翻译并提出了很多改进意见。利亚·惠廷顿提出了很多有益的建议。我还要感谢丛书的主编詹姆斯·汉金斯,他所做的工作远远超出了通常的主编的劳动。本书是献给我的儿子特列弗尔的,希望他也能从本书所包含的智慧中获益。

C. W. 凯林道夫
2001 年 7 月

适合于自由民出身青年的
性格和学科

献给伍伯蒂诺·达·卡拉拉

庇尔·保洛·维吉里奥

前　言

　　我们理解,伍伯蒂诺,你的祖父老弗朗西斯科①——他的辉煌的业绩史有记载,正如他的很多睿智的名言到处都被人们牢记在心——常说,父母能顺利地为他们的孩子的利益尽责的方法有三,而且有充足的理由这样做。第一是用体面的名字称呼孩子。因为给孩子取个不体面的名字并非如同在一件无关紧要的小事情上那样是个小的损失。这个错误通常是由少数在取名字时不负责任地缺乏信誉的人铸成的,或者是由把从祖先获得的名字作为家族遗产深信不疑地传给他们的下一代的人们铸成的。第二,父母应把他们的孩子安置在著名的城市里。因为一个人的祖国的名声和荣誉至关重要,无论是就财富还是就荣耀而言,或者就弗朗西斯科放在第三位的、我们即将简要描述的东西而言,都是如此。诚然,雅典的狄米斯托克勒斯在争论中回答一个塞里佛斯人的那个事例所说明的情势是常常出现的。那个塞里佛斯人争辩说,狄米斯托克勒斯的名声不是由于他

────────────

① 伍伯蒂诺·达·卡拉拉(1390—1407)是弗朗西斯科·诺维洛和塔迪亚·德斯特的第三个儿子,帕都瓦统治家族的成员之一,积极参加当时的军事冒险,直到最后死亡。他的祖父(老)弗朗西斯科·达·卡拉拉从 1355 年到 1388年是帕都瓦的绅士(Signore)。

自己的功业,而是来自他的祖国。狄米斯托克勒斯说,"即使你在雅典,你也不会成为名人。如果我是一个塞里佛斯人,我也不会默默无闻"。① 第三点是父母应当用自由人学科(liberal arts)教育他们的孩子。

所有这三点都是人们所期待的出自一位被认为是——也的确是——当时在普通知识上最睿智的人的杰出的观点,但第三点首先是特别有益的。因为除了教给高尚的技艺和自由人学科之外,父母不能为他们的孩子提供更持久的资源和一生中最可靠的保护。借助这种才能,孩子们往往能出人头地,给卑微的家庭出身和地位低下的祖国带来声望。因为如果任何人的名字的取得不是出于受骗,依法是可以更改名字的,法律也不禁止任何人随自己的兴趣改变他的住址。但是如果个人没有从年幼起就接受自由人学科的教育,或者,他受到非自由人的训练的影响,在以后的岁月中,要他自愿地抛弃后者,毫无困难地接受前者,这种希望是渺茫的。所以,在年轻时,就要奠定美好生活的基础。当头脑还很稚嫩可塑的时候,就必须受到美德的训练,因为头脑现在接受的印象将终身保持不变。② 每个人(特别是父母)都希望正确地教育自己的孩子,都希望自己的孩子是没有辜负父母期望的孩子③,虽然这种说法是不错的,

---

① 西塞罗:《论老年》3.8;柏拉图:《理想国》;普鲁塔克:《狄米斯托克勒斯传》18.3。
② 辛尼加:De ira;普鲁塔克:《论儿童教育》;亚里士多德:《尼各马可伦理学》。
③ 普鲁塔克:《论儿童教育》。

特别恰当的说法是，那些言行都不能在暗中①进行的具有崇高地位的人应当受到主要学科的教育，以便与他们拥有的财富和地位相称。唯一合理的是，凡是希望一切重大的事情本身都顺当的人，他们就必须在重大事情上有杰出的表现。除了进行治理的人被所有人认为是最有资格进行治理外，再没有任何更坚实更牢固的进行治理的理论基础。

因此，我很高兴，伍伯蒂诺，首先，您已经获得一个名字，这个名字在您的家族中久享盛名，近来又被您家族中倒数第六的掌权人②增添了光荣。第二，您是出生在最古老的、忠诚的城市，这个城市在一切自由人学科的学习上繁荣昌盛，盛产人民日用的一切物品，它是王子世家和一位本身就是王子的父亲的后裔，在这位父亲领导下，本市的幸福景况和您家族的声望与日俱增。最后，由于我对您的信心，也由于您和您的家族对我的恩惠，由于您父亲的勤劳，特别是您自己的判断，我高兴地看到，您倾心于专心致志于自由人学科和最优异的智力活动。即使我们在上面提到的三件事看来好像是我们最希望从父母得到的（我肯定不打算否认三件事中的每一件都是十分重要的），但是，给孩子取名字的仍然是父母，而决定一个人属于哪个国家的是机遇，而不是选择。但是，每个人是自己学到自由人学科和美德本身的，这些才是一个人所能追求的最值得向往的事情。因为

---

① 辛尼加：《克利门》1.8.1。
② 弗朗西斯科·诺维洛继（老）弗朗西斯科之后成为帕都瓦的绅士，其下依次是雅可皮诺，雅可波第二，马西列托和伍伯蒂诺。

财富、荣誉、快乐都是过眼烟云,转瞬即逝,而性格美德的果实却经久不灭,永远长存。[①]

因此,如果我劝您勤奋学习,我仍然发现,不管这一忠告是怎样发自内心地提出的,它是完全不必要的。因为除了您正在做的事以外,我还能建议您做什么别的事情呢?除了您自己以外,我还能向您推荐什么人作为美德的典范呢?因为您明显地生来就赋有精神上和身体上的天资,由于您在一切重要的活动上才华出众,所以您不仅超出了所有人的希望,甚至超出了所有人的祈祷。任何人的规劝或榜样怎能比你自己更强有力地激发您呢?[②] 因此,正是以您的名义,我才从事这篇文章的写作,开始为您写作适合于一个自由民出身的年轻人的性格和学科——即是说,一个年轻绅士应当实行什么,应当避免什么——事实上,不是为了给您提忠告,而是通过您向其他同龄人提忠告。当我提出别人应做什么时,您自己会看出您自己已经做的是什么。

因为一个由灵魂和身体组成、已经被赋予了身体和智力的力量的人,在我看来,就是获得了来自天性的重要东西。因为我们看到,很多人不是由于自己的过错而生来头脑迟钝和身体虚弱,如果我们在两方面都强健和完美无缺,我们应当多么感谢天性!此外,如果我们没有忽忽天性的赐予,而是通过正确地学习自由人学科以精心地培养它们,

---

① 赛路斯特:《人名目录》;辛尼加:Constant。
② 西塞罗:《给弟弟昆图斯的信》1.1.36。

对天性的感谢就会得到回报。所以,首先,每个人都应当自愿地留心自己的能力,否则,如果我们还没有达到负责任的年龄,我们的父母和照管我们的人就应该注意到这点。如果我们特别注意我们天然的爱好和适合的那些学科,并全身心地致志于这些学科①,这是恰当的。但是天性已给予他们与自由民相称的智力的人,不允许由于懒散而凋萎下去,也不应卷入非自由人的事务。

一个自由人的性情的标志

一般说来,自由人的性情的第一个标志是,它是被对赞美的渴望所激发和对荣誉的爱好所激起②;这就是某些高尚的羡慕和没有仇恨地努力争取赞美和卓越的根源。第二个标志是,自愿地服从长者,对给予忠告的人没有抵触情绪。如果马匹能顺利地受人手控制,并受到一听到号声就竖起耳朵的训练,这种马就更善于作战。同样,能虚心倾听良师益友的劝告的年轻人和赞美能鼓励他们做好事的年轻人,似乎是提供了丰硕果实的希望。③ 因为他们缺乏生活

---

① 昆体良:《雄辩术原理》。
② 昆体良:同上书;西塞罗:《论老年》,及 Arch。
③ 色诺芬:《回忆苏格拉底》。

经验,不能理性地把握美德的真正好处和正直道德①的面貌——这种正直道德如果肉眼可以看见,它本身就会激起对智慧的令人惊奇的渴望,正如柏拉图所说和西塞罗的回忆②——在这种最高的动机之后,仅次于最高动机的动机就是渴求荣誉和赞美的愿望。

此外,凡是渴望努力、逃避懒散、总是爱做正经事的人,似乎就是天性优异的人。因为(运用同类的比喻)如果马匹一看到信号就直往前跳跃,而不是懒散地站在原地不动,等待靴刺刺它或鞭子抽它,这样的马就被人们认为是更好的赛马。同样,年轻人未经任何人的劝告,就在规定的时间内急切地转向他们惯常的学习,进行他们很少中断的练习,这样的年轻人就应当被认为是突出地适合于美德工作的人。但是,即使他们害怕威胁和挨打,要是他们害怕羞耻和不光彩,那要好多少啊!因为由此就产生了知耻,这是那个年龄最好的指导者。因此,如果他们受到责备时就脸红,受到惩罚后变得更好,更加热爱他们的教师,这也是他们热爱纪律的一个标志。③

事实上,我们必须同样抱有希望,凡是天性和善、易于被安抚的人会达到道德上的完美。因为在这一点上,头脑和身体是一样的;在后一种情况下,如果胃不拒绝食物,而是顺利地消化一切食物,并将其转化为身体各部分的营养,

---

① 即是说,他们不能运用自己的理智把握柏拉图关于美德的理念。
② 西塞罗:《论责任》;柏拉图:《费德罗篇》。
③ 昆体良:《雄辩术原理》,2.9.1—2。

这是体格健全的标志；同样，如果头脑不仇恨和轻蔑任何人而是对人们的所说所行作出最善意的解释，这就是天生头脑健全的标志。很多行为的迹象可以用这种方法引申出来。但是，只要一考虑到身体的状况，正如亚里士多德所写①，柔软的身体形成敏捷的头脑，至于其他，应当与有些人商榷，这些人主张每个人的智力和本性可以从相貌上看出来。这是一种完全根据外形的推理，我们姑且毋论。

然而，一般说来，从我们年轻时天生的品质，如我们以前所说，可以看出我们将成为哪一类型的人。因为他们最早年龄的天性就在某些人身上显示出未来长处的征兆，像小的花朵一样。所以，我们把基于他的面部表情、举止和其他行为看来是有出息的年轻人称为有天赋才能的人。对于年轻人来说，骗取别人的期望是卑劣的。所以，没有任何这种欺骗的迹象然而最后终于表现很不错的人应受到赞美。他们就像一种苹果，外形难看，表皮粗糙，却保存着甜美的味道。在这方面，苏格拉底惯于提出忠告说，年轻人应当经常在镜子前照一照自己的形象。他的论据显然就是，凡有良好容貌的人不会由于恶行而使他的容貌丢脸，而那些容貌不佳的人则要通过他们的美德使他们自己更有吸引力。②

但是，如果他们不是注视自己的形象，而是注视别的有

---

① 亚里士多德：De an 2.9。
② 普鲁塔克：Con. prae. 25；戴奥真尼·拉尔修 2.33。

高尚性格的人的行为，以他们作为活生生的镜子，他们也许会取得更多的成功。如果普布利·希庇奥和昆图斯·法比常常说，他们注视名人肖像①时深受鼓舞——几乎是所有高贵的人的共同体验——如果尤利乌斯·恺撒在看了亚历山大大帝②的肖像后就向最高权力冲刺而去，那么，当一个人注视着仍然活着的活生生的肖像（美德）的榜样时，在情理上，必然会出现什么情况呢？诚然，我们祖先的形象也许激励着我们以更多的荣誉去和他们媲美。因为一个人的真正的出现往往使他的荣耀减色，而活着的人往往被妒忌的念头所困扰。但是有一点无论如何是确定无疑的：一个人的活生生的性格，如同他的活生生的声音，作为一个德行和性格的榜样和一种教导，具有更强大的力量。③因此，受到对美德和真正荣誉的渴望的激励而倾心于学习的年轻人，应当选择在道德上比他优异、其生活和性格要在年龄许可的范围内加以模仿的一个人或一群人。这些人和年长者一般说来应随时保持一贯的庄重和明辨的典范，特别是在他们的晚辈的面前。④因为年轻易于犯错误，除非他们受到长者的榜样和权威的约束，他们往往容易滑向错误的行为。

---

① 赛路斯特：Iug. 4。
② 苏厄多尼：《尤利乌斯·恺撒传》7。
③ 辛尼加：《书信集》6.5—6，11.8—10。
④ 昆体良：《雄辩术原理》1.2.5；西塞罗：《论责任》。

青年的性格

他们的行为与他们的年龄是相适应的(其他年龄的人也是如此),好的行为应当通过练习和规劝予以强化和巩固,坏的、应受谴责的行为则应加以矫正。关于后一种行为,有些人只是由于轻率而为,另一些人是由于缺乏经验,还有一些人是遭受这两种缺陷的折磨。[①](年轻人)天生特别慷慨大度,随意花钱,因为他们没有体验过匮乏[②],没有通过自己的努力去寻找过财富。通过自己的努力聚集了财富却又轻率地浪费掉,这种人是少见的。同时,因为他们的热和血在他们的生长和身体的营养中过剩,而由于相反的原因,在老年人身上则发生相反的情形。如果他在年轻时(已经)是贪心和贪婪的,我们还能指望他成为哪一类型的老人呢?[③] 这不是说,应当允许他们把赏赐物散发掉,他们(还)不懂得正确地辨别礼物、人和功劳[④],但是,贪婪是腐败的天性和无教养的性情的标志。[⑤]

于是,这种学生从事手工劳动以靠手工艺挣钱,或者从

---

① 普鲁塔克:《论儿童教育》。
② 亚里士多德:《修辞学》2.12.6。
③ 同上。
④ 亚里士多德:《尼各马可伦理学》4.1—2。
⑤ 同上书 4.3.3—7。

事商业以养家糊口，特别是有些人即使出身名门，时不时追求艺术，然而往往把艺术贬低为如同其他东西，成为不体面的赢利——它的确是与高尚的头脑格格不入的。此外，还有一些抱有很高希望的人，他们乐于在很多重大事情上期望自己，首先是长寿，像那些身上天然热量丰富的人那样，似乎在任何时候任何事情上只要有了长寿就已足够了。据此，他们气度恢弘，神气飞扬，因为使事业蒸蒸日上的正是热的一种特性。① 因此，他们变得傲慢。正如贺拉斯所说，

> 以草率的态度对待那些试图给他们提出忠告的人。②

对他人粗野无礼而又自我吹捧。他们要求出人头地，由于这个缘故，因为他们需要显示自己以便让人熟知，所以他们急于泄露秘密，但在他们自我吹嘘时③，总是被人发现是说谎者。同时，由于他们没有经验，他们认为自己说的是实情，但在很多事情上上当受骗。④

首先要劝他们去掉虚伪的虚荣心。这首先是因为，他们在年轻时期养成了这种习惯之后，就会在成年时保留这种最坏的习惯⑤；还因为，几乎没有什么东西比年轻人的说谎更触怒他们的长者。这些年轻人虽然乳臭未干，就试图

---

① 亚里士多德：《修辞学》2.12.8—9。
② 贺拉斯：《诗艺》。
③ 亚里士多德：《修辞学》2.12.6—7。
④ 同上书2.12.14。
⑤ 普鲁塔克：《论儿童教育》。

以他们的欺骗去智胜老年人。如果年轻人受到告诫，除非要求他们说话，要说话少，少说话，那么这也是有益的。因为言多必失。如果一个人必须在两者之间作出抉择，那么沉默肯定比说话安全得多。如果一个人在不当的时候保持沉默，他的错只是错在保持沉默。但是如果在不当的时候说话，他就会在很多事情上犯错误。① 我们还应当留心，不要让年轻人习惯于卑琐的不光彩的谈话，因为正如一个希腊人所说，而使徒保罗重复了他的话：

　　　　坏的谈话腐蚀好的品质。②

此外，根据我们在前面的推理，年轻人越是渴求卓越，他们也就越能节制。③ 因为他们担心受到羞辱，记得父母和教师最近的训斥，同时还由于他们没有经验，他们认为自己容易受到驳斥。他们过度轻信，因为缺乏人世间的经验，他们相信他们所听到的一切都是真的。④ 还有，他们的意见容易改变，因为他们的脾性随着身体的生长处于运动中，他们有着成为运动主要原因的丰富的热量。事实上，灵魂是跟着身体的状况走的，因此，正如缺乏某种事物的人急于得到它，当他们得到所要求的东西时，他们很快就感到满

---

① 普鲁塔克：《论儿童教育》。

② 哲罗姆：《书信集》70(PL XX11665)；《使徒书评注》，《加拉太书》；《使徒书评注》，《以弗新书》；《使徒书评注》，《提多书》，其中指出保罗言论的来源是梅南得尔。

③ 亚里士多德：《修辞学》2.12.8—9。

④ 同上。

足。年轻人首先是凭感情行事,做任何事情都生龙活虎,因为他们有由身体的热量策动的强烈的欲求,而缓解他们的欲求的理性力量和慎重则很脆弱。[1] 但是,正如特仁斯的《索西亚斯》所说:至于我

> 我认为人生中最有价值的事情就是
>
> 一切事情都协调一致地发生
>
> 而没有任何事情过度[2]

他们也是具有同情心的,纯洁的,因为出生不久,有着纯洁的血液。他们是根据自己的相对单纯去判断别人的,因而相信别人以致蒙受不公正的损失。[3] 但他们对友谊十分感兴趣,热爱他们所属的俱乐部。[4] 他们总是参加一个俱乐部不到一天又放弃。

因此,给他们的教育必须与这些考虑相适应。好的行为必须学到,坏的行为或者应当予以削弱,或者必须连根铲除。事实上,关于年轻人的监护,虽然很多是由家庭纪律允许的,而有些事情习惯上是由法律规定的——我几乎要说,一切都应当由法律规定。[5] 因为年轻人在我们的城市里行为正当,攸关公共利益。我们的年轻人从小受到正确的教养,既对我们的城市有益,也对他们自己有益。更明确地

---

[1]　亚里士多德:《修辞学》2.12.8—9。
[2]　特仁斯:《诗集》1.1.60—61。
[3]　亚里士多德:《修辞学》2.12.7,15。
[4]　同上。
[5]　亚里士多德:《政治学》8.1.1—2;《尼各马可伦理学》。

说,要使他们远离他们容易陷入的、他们的年龄自然地诱使他们陷入的过失。因为每个年龄段都有该年龄段所特有的某些缺点:青春期燃烧色欲①,中年人被野心所动摇,老年人则在贪欲中消瘦下去②——不是说每个人都是这样,但人们根据他们的年龄,多半倾向于这些缺点。

因此,我们必须当心,使我们的年轻人尽可能长期保持纯洁,因为过早的性行为使体力和智力两方面都受到削弱。③ 如果使他们远离跳舞和其他类似的娱乐,同样远离与女人交往,或者,如果他们不谈论或听不到这一类事情,保持他们的纯洁就是可能的。因为他们受到他们年轻人的狂热的影响而有性的冲动,如果有一个坏的同伴为他们出点子,就没有希望了。如果绝不允许他们有假期,就有最大可能取得成功。应当使他们总在忙于某种体面的体力和智力活动,因为悠闲安逸使年轻人倾向于贪欲和各种放纵行为。因此,当我们的年轻人进行对他们的幸福也大有帮助的工作时,他们的艰苦工作就会有益于他们的幸福生活。但是,不仅闲暇对他们很危险,孤独也对他们很危险,孤独用对这种事情的经常想念去抚慰脆弱的头脑,阻挠他寻找别的消遣。正如绝不能让陷入失望的人处于孤独状态一样④,也不能让深深地沉湎于快乐的人处于孤独状态。

---

① 亚里士多德:《修辞学》2.12.3;西塞罗:《论老年》11.36,《论责任》1.34.122。
② 亚里士多德:《修辞学》2.13.6,13。
③ 西塞罗:《论老年》,12.39—41。
④ 辛尼加:《书信集》,10.2,25.5。

因此,还必须禁止他们一切猥亵的无耻的邪恶并保护他们远离这种邪恶。只应把他们信托给其人品和整个生活经过彻底的仔细审查、不致提供导致罪过的榜样而是有权威吓阻止他们堕入罪过的人。正如树的幼苗嫩枝要绑在柱子上以防止它因自身的重量或因风吹而倾倒,同样,年轻人也应当依靠同伴,从他们的忠告中学习,因他们的道德心而受到约束,在模仿他们中使自己进步。① 还必须把年轻人保护在一定的活动范围之内,否则他们就会在他们周围环境中的其他事情上更加放纵。至于过度的饮食和睡眠,大部分是来自习惯。这不是说,这些需要的量不应当适应各种身体状况。普遍正确的一种说法是,如果从需要着眼,只要有少量供给,天性就会满足,而如果从快乐着眼,天性将永远得不到满足。②

特别在那个年龄,他们应当戒酒;饮酒过多危害健康,也严重扰乱道德理性。③ 在这方面,斯巴达人的习俗在我看来绝不是令人讨厌的:他们煞费苦心,在宴会上,用喝醉了酒的奴隶拿来展示——事实上,不是为了拿他们粗鲁的言语和猥亵的行为取乐(因为拿别人的缺点或过失取乐是不人道的),而是为了向年轻人展示,被别人看见喝醉了酒是多么卑琐。④ 所以,儿童从小开始就应养成饮水适度的

---

① 辛尼加:《克利门》;普鲁塔克:《论儿童教育》。
② 辛尼加:Helv. 10.11。
③ 辛尼加:《书信集》83.17—18;De ira 2.20.2。
④ 普鲁塔克:《莱库古传》28.8,《狄摩西尼斯传》1.4。

习惯,而不要习惯于酗酒。他们的饮水应当有节制,节俭,使饮水看来是为了软化食物,而不是为了解渴。用食物和饮料填满胃,在冬天的夜里彻夜失眠,或使饱足成为快乐的极限,这都是不正确的——它不仅妨碍德行,也妨碍健康。用理性约束一切事情[①],习惯于以安详驾驭年轻人的冲动,习惯于判断个人能力和环境所允许的一切事情并不是都应该做的,这样做才是正当的。[②]

然而,首先,对于一个受过良好教育的年轻人来说,尊重宗教,经常参加宗教活动,从幼年起就沉浸于宗教信仰,这是正当的。一个人如果以轻蔑的态度看待神圣的事物,那还有什么人间的事物值得尊敬呢? 然而,被荒诞无稽的故事弄得晕头转向则是不正确的,那些故事在年轻人中是普遍受到谴责、易于受到嘲笑的。一个固定的尺度应当得到遵守。当然,在一个尽我们最大的努力也缺乏那种尺度的地方,尺度是难以实施的。但是要特别告诫他们,不要出言不逊亵渎神圣事物,也不要举出神圣的名字加以嘲弄——这是各种年龄的人所厌恶的——也不要自愿地轻易发誓,因为草率发誓的人往往是经常发誓。[③]

其次,他们应当毕恭毕敬地对待长者和比他们年长的人,敬他们形同父母。在这方面,传统给予了罗马年轻人以好的教育:在元老们集会的日子,他们将被自己称为"父

---

① 西塞罗:《论责任》1.30.106。
② 辛尼加:Oct. 454。
③ Matt. 5:33—35。

老"的元老院成员搀扶到元老院去,并按时到场在门前等候,在元老们散会后,在蜂拥的人群中再搀扶他们回家——当然,这些事情是上了年纪的人所应得的、基本的、具有坚持性和坚韧性的礼节。① 事实上,年轻人无拘无束地与年长者交往,不愿离开对他们有益的人,明显地可以看出是坚定地渴求在德行上胜过同时代人的人。此外,他们应当受到教导,怎样恰如其分地欢迎来访者,在他们离去时怎样告别;以谦逊的态度向老者问候,以和善的态度与比自己年幼的人聚会,怎样以志趣相同的态度接待朋友和祝福者。虽然这些事情适合于一切年轻人,它们对王者和他们的孩子具有特别的吸引力。它们特别受到这样一种人的注意,在这种人的举止和全部生活中,他们平易近人,通常受到人们的喜爱,他们的庄重受到人们的赞扬。然而,在这两种品质中,人们应当小心,不要让后一种品质转变成粗俗的苛刻,不要使前者转变成庸俗的轻薄。

如果每个学生都乐于让自己受到批评和告诫,就能达到像这样的一些效果。这条原则对各种年龄、各种环境、各种情况都是有益的。正如我们照镜子,就可以看出我们脸上的瑕疵,同样,当朋友责备我们时,我们就要小心地掂量我们在精神上的失检。这是改正错误的第一步。凡是不愿意听取逆耳忠言的人,就是最易于受蒙蔽的人。虚弱的胃

---

① 瓦勒里·马克西姆2.1.9。

是只能接受美食的胃。所以，它似乎就是忍受凌辱，听从惩罚①，因为不能当面听取批评的人更难在背后防止批评。但是，对于那些更幸运的人来说，这一点特别正确——这些人手中握有对很多城市、很多民族的权威——以通情达理地甚至是心甘情愿地倾听向他们提出善良忠告的人。当他们广泛的行动自由使他们更易于走向犯罪，而他们的罪行会广泛地对很多人造成损害时，就更是如此。诚然，这就是很少有人敢于将正确的东西和实情告诉他们②，而愿意听取正确的东西和实情的人更少的更重要的原因。因为，如果一个人愿意听到实情，就容易找到向他说实话的人。如果一个人出身权势显赫的巨富之家，从来没有体验过艰难困苦而又能成为明智、善良的人，这似乎像是一个奇迹。如果真有这样一个人，我认为他应当受到爱戴和尊敬；他似乎像是人间上帝。在能提供一切快乐的丰富的财物、想要什么就能得到什么的权力和通常能把愚人变成疯人的一大批拍马者之间，是很难有健全理智和正确判断的余地的。③柏拉图绝妙地懂得这一点，他用少而精练的文字表达出来。我们要从《高尔吉亚篇》中逐字地引述这段话，他说："在拥有犯罪的广泛自由的人们之中，正直地生活是很难的，也是值得大加赞扬的。"④

---

① 西塞罗：《论友谊》。
② 西塞罗：《论责任》1.26.91。
③ Matt. 19：21—24；哲罗姆：《评注》。
④ 柏拉图：《高尔吉亚篇》（瓦勒里奥译）。

但是,父母的过度怜爱通常使年轻人变得软弱、衰弱①,通常在寡母爱护下的奢华生活中长大成人的人身上表现出来。所以,在某些民族中有一个习惯,即小心地让他们的孩子在他们所在的城市之外长大成人,或者无论如何也要在自己家庭之外的亲戚或朋友家中长大成人。这是一个令人感兴趣的习惯。即使孩子们看得出他们的亲戚和朋友过分爱怜他们,然而,他们懂得他们是生活在别人家里这个事实就使得他们较易被驾驭和更倾心于我们称之为自由人学科的更好的学习。现在是我们讨论这些学科的时候了。

综论什么是自由人学科

于是,我们称那些与一个自由(liber)人相称的学科为自由人的,它们是训练美德和智慧的学科或追求美德和智慧的学科,它们是使身心两方都倾向于一切最美好的事物的学科。人们惯于从这个源泉寻求荣誉和光荣,这种荣誉和光荣对明智的人来说,就是趋向美德的源泉。② 正如利益和快乐是为不光彩的智者定下的目的,同样,美德和荣誉

---

① 昆体良:《雄辩术原理》。
② 辛尼加:《书信集》83.17—18;De ira. 2.20.2。

是高尚的智者的目标。

所以，从婴儿时期就开始以此为目标，竭尽一个人的全部热忱为争取智慧而努力，这是正当的。① 如果一个人没有从最早的年轻时代就致力于个人的技艺，他就不可能在任何一种技艺上——即使是在那些需要智力较少的技艺上——达到优秀的境界，那么，在与如此多重要问题有关的、包含着我们全部生活的箴言与指导原则的智慧问题上，我们能做出什么结论呢？因为，没有问题，除非我们在年轻时首先开始成为明智的人，我们就不能——对我们这些希望成为明智的人也希望被人看做是明智的人而言——比如说，不能在年老时成为明智的人。当然，我们也不能接受每个人都反复说的常人之见，相信在年轻时智力超过年龄的人在他成为老年人以后就会最终丧失其智力的锋芒。在某些方面，说实在的，这种说法与我们对人体的理解并非不相容。感觉在儿童时代处于活跃状态，然后随着年龄的增长就凋谢下去。在这个问题上，有充足的理由使某一位老年人被一个年轻人说得哑口无言——但是，这两个人的名字无人知道。当一个年轻人被认为是聪明和善良得超过了他的年龄并将他作为奇迹向这位老人展示时，老人说道："一个人在年轻时如此聪明，到老年时不可避免地会变得老态龙钟。"他说这话时提高了嗓门，以便让年轻人能够听到。但这位年轻人没有忘记他天生的机智，立即转向老人，说

---

① 昆体良：《雄辩术原理》。

道："如此说来，你必定是在年轻时特别聪明。"人们说，他是以其人之道，还治其人之身。①

诚然，在很多年轻人身上也天生具有这种敏捷的理解力和这种探究的机智，甚至没有很多正规学习，他们也能谈论最重要的话题，提出最有分量的意见。但是，如果他们天生的能力由于知识得以加强，并得到学习的帮助，这种教育一般说来就会造就出最伟大的人物。② 所以，我们必须勤奋地留意这种人，但也不忽略中等智力的人；我们倒是必须对天生能力不足的人提供更多帮助。不过，要使他们所有的人都从儿童时代起就保证学习和努力。

> 当年轻的头脑还能驯服时，
>
> 趁他们还足够年轻因而可以改变时，③

维吉尔在诗中写道。

虽然，在生命中最适合学习的那个年龄④我们必须奋力向前，然而我们还应当在各个年龄阶段学习⑤——除非有一个时间学习比无知更加可耻！波尔西家族的首脑加图表达了相反的判断，他在即将进入老年时学习拉丁文学，而在已进入耄耋之年时还学习希腊文学；他不相信老年人学

---

① 这则轶事的出处不明，怀疑集中于维吉里奥承认"两个人的名字无人知道"。革纳索托推测，或者这个年轻人就是维吉里奥自己，或者这是他编造的故事。
② 普鲁塔克：《论儿童教育》。
③ 维吉尔：Georg. 3.165。
④ 昆体良：《雄辩术原理》1.1.9。
⑤ 辛尼加：《书信集》76.3。

习每个人知道了都有好处的东西的能力会退化。^① 甚至如此伟大的哲学家苏格拉底在他年事已高时还学习弹奏七弦琴,并在一个教师面前翻动他的手指,请求指导。^② 而同时,我们的年轻人看在神的面子上,在学习上过于懒惰,怕吃苦。虽然他们犹有乳臭,却耻于向老师求教!但是,不能听任他们自行其是,必须千方百计使他们从事有益的、合理的学科的学习。

有些人,必须以夸奖和荣誉的吸引力使之就范,另一些人则用小小的礼物和祝贺的话使之就范,还有一些人必须以威胁和鞭子强迫他们就范。^③ 诚然,对所有这些方法都必须恰如其分地权衡轻重,合理地加以掌握。即使对于完全一样的头脑,也要区别情况,有分别地运用。必须注意,教师对他们的学生,既不能过于放纵,又不可过于苛求。正因为过度的放纵使天生的优秀品质错乱脱轨,同样,苛求的、冷酷无情的批评破坏智能,扑灭天性在儿童身上点燃的小小的火花。对一切事情都害怕的孩子不敢做任何事情。^④ 常有的情形是,事事都怕犯错误的孩子会常常犯错误。首先,对黑色胆汁丰富的人应当管控得更宽松一些,让他们享受自由和娱乐,这是一个好主意。并不是所有的人

---

① 瓦勒里·马克西姆 8.7.1;西塞罗:《论老年》。
② 昆体良:《雄辩术原理》1.10.13;瓦勒里·马克西姆 8.7. ext 8;西塞罗:《论老年》。
③ 维吉里奥比普鲁塔克的《论儿童教育》和辛尼加的《克利门》更严厉。中译者按:昆体良明确反对体罚并论证了其理由。
④ 辛尼加:De ira;昆体良:《雄辩术原理》2.4.10。

（例如亚里士多德就会有）但肯定大多数天资聪颖的人都有这一类脾性。[1]

恰巧也有很多赋有高尚智力的人，当他们努力按常规进行学习时，却被迫叫停，或者是由于在他前进的道路上横亘着某种障碍，他们不得不中道而止，或更弦易辙。大多数学生由于家庭资源有限成了障碍，它限制为了更好的事情而生的高贵的头脑迫使自己去挣钱。但是，高尚的天性通常能克服最大的困难，大量的物质财富常常比赤贫更能伤害善良的头脑。人们通常不无怨恨地说到这种人："啊，如果他出生在较差的境况中，他会成为多么伟大的人！"对于有些人，父母的权势和孩提时的习惯成为拦路虎，因为我们是把我们在儿童时期养成的习惯当做成人的习惯紧紧地遵循的。孩子们是宁愿让他们自己按照生他养他的父母的愿望成长的。但是我们通常也遵循我们的城市中惯行的习俗，好像别人所赞同所做的一定就是（我们的）最好指针。因此，这一类决定是最困难的决定，因为或者它是行不由己的决定，或者是由于我们在深深浸染了从坏习惯和人类的腐败交往中衍生出来的错误意见之后才做出那种决定。

然而，能力，已作为神独一无二的礼物赋予了一些人，使他们在没有指导的情况下[2]也能自己走上正路并坚持下去——能力已被赋予了"那些少数人"，"仁心的朱庇特所钟

---

[1] 亚里士多德：Pr. 30.1；西塞罗：《图斯库兰讨论集》1.30.80。
[2] 西塞罗：《论责任》1.32.118。

爱的""那些人",(如诗人所说)或者说亲生的人①,以印证神话中所说的事。我们知道,赫耳枯勒斯*特别像这种情形,正如希腊人所说和罗马人跟着他们回忆的。他看见面前有两条道路,一条是通向美德的道路,另一条是通向快乐的道路。碰巧,赫耳枯勒斯正处于一个人必须选择自己的人生道路的年龄。他退到了一个偏僻的地方,在那里,他苦苦地思索了很长时间(他这个年龄的判断力和辨别力都还很脆弱)。在拒绝快乐以后,他终于拥抱了美德。从那以后,他就根据人类的信念,经历很多可怕的劳苦,自己开辟了通向天国的道路。好了,关于他就讲这么多,对于我们自己而言,不论我们是被教训之手引向美德②,还是迫于外力和需要而到达美德,都是好的结果,而驱使我们向善的必要性的确是幸运的。

最优良的学科:武器和学问

诚然,伍伯蒂诺,我知道,这也一定程度发生在您身上。因为在人类的学术和自由人学科之中,特别有两项与培养

---

① 维吉尔:《伊尼德》6.129—130。
  * 赫尔枯勒斯即希腊神话中的赫拉克勒斯(Heracles),希腊殖民者将赫拉克勒斯的神话故事传到意大利后,赫拉克勒斯的名字改为赫耳枯勒斯(Hercules)。——中译者注
② 西塞罗:《论责任》1.32.118。

美德和获得荣誉有最密切的关系,这就是学问的教育和武器的教育。虽然您的父亲由于自己的嗜好,只允许您追求后者,这几乎是您家族的私藏,但是您以如此顽强的勤奋和热情抓住了这两方面,把您的同时代人远远抛在后面,在两类名声中足以和老一辈人媲美。所以,您做得很好,没有轻视战争的艺术,在这方面,您的光荣总是超群出众的,企图让您的家族在原有的武器的名声之上再添加学问的名声,您也是做得很好的。

因为您没有急于仿效一些人(在我们的时代,这种人有一大群),他们畏惧有学问的名声,似乎那是某种不光彩的事。您也没有同意古罗马皇帝李西尼的意见,李西尼惯于称学问为毒药和公众的瘟疫。① 柏拉图说,如果由哲学家治国,或者国家的治理者偶尔是哲学家②,国家就更有福了。诚然,各种学问的确既不能驱除狂妄,又不能驱除邪恶。但是它们对于为美德和智慧而生的人是大有帮助的。它们经常提供揭露愚蠢行为或更具破坏性的不道德行为的手段。因为我们知道,克劳迪(与其他罗马皇帝比较起来)是很有学问的,既存的事实是,他的继子和皇位继承人尼禄是受过特别良好的教育的。③ 在这两个人中,前者以精神狂乱而臭名昭著,后者沉湎于残暴和一切罪恶之中。然而

---

① 伪奥勒里·维克托:《书信集》41.8。
② 柏拉图:《理想国》;西塞罗:《给弟弟昆图斯的信》;瓦勒里·马克西姆7.2,ext 4;拉克坦斯:《神学原理》3.21。
③ 苏厄多尼:《克劳德》41—42;《尼禄传》52。

为了借口显示仁慈,尼禄有一次曾说,他唯愿他是个目不识丁的人。① 但是,假如除了目不识丁以外,他还能以某种别的方式假装成为仁慈宽厚的人,肯定他会愿意那样做的。但是在我看来,假如允许他废除与他的人品格格不入的学问,他一定会迅速而热情地撕掉仁慈宽厚的外皮,并以同样的速度和热情去废除学问,竟至不为自己给美德和自由人学科留下任何余地。② 作为对照,您的先人吉亚科摩·达·卡拉拉,一位精明的人和豁达大度的王子,他自己学问不多,然而却令人吃惊地培养了有学问的人。他认为,在他的好运中唯一缺少的就是这件事,他所受的教育没有达到一个谦恭的人所希望的那种程度。

一个人可能希望到老年时成为有学问的人,但是除非从年幼时起就以积极的努力自己培养了学问,否则就不容易达到这个目标。因此,我们必须在年轻时就准备好给可尊敬的老年时代带来喜悦的安慰。对年轻人是负担的学习将成为老年时令人愉快的娱乐。在这个意义上,无论我们是寻找医治懒惰的药方,还是寻找面对烦恼和忧虑时的安慰,它们是真正伟大的防波堤。③ 因为适合于自由民的生活有两种,一种完全存在于消遣和沉思之中,另一种存在于

① 辛尼加:《克利门》2.1.2;苏厄多尼:《尼禄传》10。
② 据苏厄多尼说,尼禄假装宽厚,诡称希望自己不识字因而不能签署执行死刑的命令。
③ 西塞罗:《论老年》及 Arch. 7.16。

行动和事业中。① 无人不知,知识和写作的运用对前一种
生活是很必要的;对后一种生活,它们的用处可以从下面的
论证中看出来。且不必说,从学习学术权威的箴言和书上
所记述的那些榜样中,他们能变得多么聪明,行动中的人,
无论他们是从事国事活动或对外战争,或者忙于自己的或
朋友的事务,当他们疲倦时,不可能有别的东西比知识和书
籍更令人愉快的休息。而且,当时间和契机出现,当他们必
须从积极生活中退隐时——因为我们往往是不由自主地受
到妨碍不能参与国事活动,而战争并不是总在进行,当特殊
的日日夜夜提供只适宜于待在家里一人独处的时机时——
在这种时刻,那时我们已不能参加户外的娱乐,阅读和书籍
就成为对我们的帮助。那就是说,除非我们想要使自己完
全沉醉于睡眠中或在懒惰中堕落下去,或者模仿多密善皇
帝,他每天在一个固定的时刻自己离去,用一根铁针追逐苍
蝇。② 他是维斯帕西安的儿子,台塔斯的弟弟,但是,毫无
疑问,他远远不能与他们相比。事实上,他被人们认为是最
令人厌恶的皇帝,而台塔斯被认为是所有皇帝中德行最好
的皇帝(台塔斯在历史上被称为人类的宠儿)。③ 所以,台
塔斯的名声被人赞美的程度就像多密善的名声被人痛恨的
程度。

---

① 普鲁塔克:《论儿童教育》。
② 苏厄多尼:《多密善传》3.1;奥勒利·维克托:《恺撒传》;伪奥勒利·维克托:
《恺撒书信集》。
③ 奥勒利·维克托:《恺撒传》;伪奥勒利·维克托:《恺撒书信集》。

事实上,后世对人类生活和事务的评判是无拘无束的,它既不在谴责邪恶时表现畏缩,也不吝惜赞美应受赞美的人。我们看到,在这方面,如果王子尊重人类的判断和子孙后代的长久的声誉,王子的一个重要的特权就是行为高尚——诚然,我几乎可以说,那是他们必须做到的。另一些人,地位低下的人,需要有很大的能力和品格的力量,才能使他们的美名为人所知。他的罪过也被他们晦暗的命运所掩盖。① 然而,在王子和大人物中——或者是因为在幸运者中他人数极少而更受尊敬,或者是因为他们的命运的光辉闪烁得更加光彩夺目——美德,即便是平平常常的美德也显得更加显著、更加名声卓著;而他们的恶行,即使是隐蔽的恶行,也不能长久掩盖下去,一旦它们被人知道,就不能长期保持沉默。② 因为正是那些伺候他们去寻乐的人,他们犯罪时的伙伴和目击者使他们曝光,首先谴责他们。一个典型例子是这样一个机智的笑话:多密善皇帝的一个最贴身的仆役经常指责多密善的愚蠢至极的行为。有一次有一个人问他,是否有人在内室随侍皇帝,他答道:"连一只苍蝇也没有。"似乎皇帝已经用他的铁针将苍蝇一网打尽。只要多密善的追猎苍蝇的不雅方式能确证是在冬天独自一人进行的③,或者,如果他没有比他的令人憎恶的猎蝇行为的笑柄要多得多的理应招致仇恨的下流罪行,人

---

① 辛尼加:《论宽厚》1.8.1。
② 苏厄多尼:《多密善传》3.;奥勒利·维克托:《恺撒传》11.6。
③ 意即猎蝇的季节过去之后。

们也许可能宽恕多密善。因为西庇奥关于他自己所说的话——他的一人独处和闲暇从来不比人们所认为的更少①——不可能发生在任何别人的身上，而只能发生在赋有杰出智慧和突出美德的人身上。纵然在我看来，能在人群中保持孤独，在商业事务中能保持宁静的人绝不是等闲之辈。事实上，这就是加图所写的，每当元老院开会时，他总是在元老院里钻研书籍。② 无疑，这就是他能就眼前的事务和具有长远意义的问题这两方面习惯地对他的祖国提出十分有益的忠告的原因。

然而，如果学术研究不能提供其他报偿——它的报偿肯定很多而且巨大——它从许多我们一想起来就感到赧颜、一回忆起来就感到内心痛苦的事实中提供的消遣无论如何也使它具有足够的价值。因为如果在我们自己身上或我们的财产中有任何事情给我们造成了不幸，我们就容易避免这种事情重复出现，原因是，当知识的种子落入适宜于培养它的头脑中时，对知识的追求就在人的头脑中产生奇妙的快乐，及时地结出丰硕的果实。所以当我们一人独处、从其他负责照管的事情中解脱出来时，除了求助于读书外，还有什么更好的事情可做呢？书中的每一样东西的学习都是令人愉快的，有益于过善良高尚生活的。③

虽然书中的记载对其他目的很有价值，但特别有价值

---

① 西塞罗：《论责任》。
② 西塞罗 Fin. 3.2.7；普鲁塔克 Caf. Min. 19.1；瓦勒里·马克西姆 8.7.2。
③ 昆体良：《雄辩术原理》2.18.4。

的是它保存对过去的记忆。因为书籍中记载着人类的事迹、不期而至的命运的转折、大自然的不寻常的作用和（比所有这些事件更重要的）各个历史时期的指导原理。因为口耳相传的人类的记忆和记忆的对象会渐渐衰退下去，很少能保存到一个人的终身，但精巧地信托给书籍的东西经久不衰。也许一幅画、一尊大理石雕刻或铸造的金属制品甚至胜过一本写作精美的书，但这些物件不能注明时间，它们也不能顺利地揭示五花八门的动机，它们仅能表现外部状态，而且容易损毁。然而，以文学的形式保存下来的东西不仅能说话，而且能区分说话的风格，表现人民的思想，如果它被印成很多份，它就不能轻易地消失，如果它的用词遣句超凡出众的话。因为平庸的写作不能获得人们的信任，也不能持久。①

再者，整天读书，写作，使现代人理解古代的事情，当今世代的人与子孙后代对话，从而使我们的每一个时刻既是过去的，又是未来的，还有什么别的生活方式比这更愉快更有益呢？我们说，书籍创造多么出色的内容！也如西塞罗所说，书籍使得家庭多么幸福！无上的正直和端庄的行为！在这样的家庭里没有忙乱，大声叫嚷，既没有贪嘴好吃，又没有倔犟不驯，说话轻声，保持安静，好像是在秘密的地方，随时准备好执行你的每一个命令，你从来听不到你不想听的东西，只说你所要听的东西。

---

① 西塞罗：《论家庭》9.1。

因此，由于我们的记忆不能记住每一件事，能保存下来的很少，不足以满足特殊目的的需要，在我看来，应该得到书籍作为第二记忆保存下来。文字和书籍构成对事物的固定的记载，是一切可知事物的公共仓库。如果偶尔我们自己不能有所创造，至少我们也应当将得自前人的书籍小心地传给后人，保持它们完整不受损毁。用这种方法，我们就能有益地为子孙后代的利益服务，至少对前代人的劳动给予这一补偿。在这方面，我们也许能对他们之后的人或几代人挑挑毛病：我们可能甚至感到愤愤不平，尽管它是无济于事的，他们竟让这么多著名作者的非凡的著作消失了。关于有些这样的作者和书籍，我们仅仅知道名字（虽然经过了高度赞扬之词的润色），至于其他作者的作品，只有部分和片断传到我们现代。这就是从他们著名的名字和赢得的声誉中我们如此渴求他们的著作的原因。仍然保存下来的著作的优点和价值使得其余书籍的丧失令人更难容忍。纵然我们收到了很多残存的严重错讹的、残缺不全的、破损的书籍，甚至还不如什么也没有收到更好。在这个重大的损失中有不小的一部分看来必定是在意大利曾发生过的很多值得记载的事情，现在大都不为我们所知。关于它们的知识，随着书籍和对它们的记载一起消失了。于是，我们知道蛮族的事迹，却由于书籍的糟糕状况而不知道很多我们自己的历史。于是事情竟弄到我们不得不从希腊作家的著作中去寻求关于罗马历史的知识，因而大量事实在拉丁作家的著作中记载贫乏，或者他们完全不知道，而这些事实却发现广泛地散见于希腊作家的著作中,虽然我们的祖先曾一度好像当做自己的母语一样①说的古代希腊语已经在它自己的人民中消亡,在我们说拉丁语的民族中已完全灭绝,现在只有某些少数人还在致力于研究它,使它从坟墓中死而复活。②

　　但是,我要回到历史,关于它的知识愈有用,愈令人愉快,它的损失就愈大。因为对于真正高尚的头脑,对于不可避免地要投身于公众事务和人类社会的人来说,历史知识和道德哲学的研究是更合适的学科。其余的学科之所以称为自由人学科是因为它们适合于自由人。但哲学是自由的,是因为对它的研究使人自由。③ 因此,在哲学中,我们获得对做什么事有利、应避免什么的讲解。而在历史学中,我们获得(道德上的)榜样。从前者,可以发现全人类的义务是什么,每个人适合于做什么;从后者,我们可以发现各个时代的人做了什么,说了什么。假若我没有弄错,(对于从事公众活动的人来说)应增加的第三个学科就是雄辩术(eloquence),它是公民学的独特的部分。④ 通过哲学,我们可以获得正确的观点,它是一切事物中具有首要意义的;通过雄辩术,我们能说话雄辩有力而又精练,它是最有效地争

---

① 西塞罗:Arch. 3.5。
② 维吉里奥无疑是指马努尔·克里索罗拉斯的学生。克里索罗拉斯是一位希腊逃亡者,他在意大利居留期间教了一批意大利学生(包括列奥纳多·布鲁尼、乌伯托·德西姆布里奥和维吉里奥自己)。
③ 辛尼加:《书信集》88.2。
④ 昆体良:《雄辩术原理》2.15.33。

取群众的一种技巧。但历史在这两方面对我们都有帮助。如果我们认为上了年纪的人更理智，乐于听取他们的意见，因为他们在漫长的生命中通过他们自己的阅历和他们看到过、听到过的其他人的阅历而认识到了很多事情，那么，对于那些记得许多世纪中值得知道的事情并且能够举出典型事例以说明每一种情况的人，我们对他们应多么尊重！学习这些学科的结果是使每个人善于言辞，激励他尽可能行为端正，这是最伟大人物的标志，绝对优秀的品格。

希腊人通常教给他们的男孩子四件事：识字、拳击、音乐和被有些人称为写生的绘画。[①] 我们将在后面谈到拳击和音乐。现在所通行的绘画是与自由人不相称的，除非它是从属于书法（因为书法实际上是一种绘画和写生的形式）。至于其余的，那是画家的事。然而，在希腊人中，亚里士多德告诉我们，这一类事不仅有用，而且体面。因为绘画的技术对热衷于购买花瓶、绘画和雕塑的希腊人大有帮助，防止他们在价格上受骗上当，使他们对天然的和人工制作的物件的美和魅力提高鉴赏能力。[②] 伟大人物需要有能力在他们之间谈论这件事，并作出判断。

另一方面，文学的成果对于整个生活和各种各样的人永远是重要的[③]，但是，它对于认真养成（美德的）习惯，增强对过去时代的回忆以及获得学问是特别有益的。所以，

① 亚里士多德：《政治学》8.2.3。
② 同上书 8.2.6，8.3.2。
③ 同上书；西塞罗：Arch. 7.16。

从一开始,如果我们想要从我们的学习中有所获益,我们就必须练习合适的演说的格调,当心不要被人发现我们在追求崇高的效果时出现了令人烦恼的小失误。① 其次,我们必须从事进行辩论的练习。通过辩论,以快速反应的论据在每一个问题上分清真伪。辩论是学习的科学和科学的学习,因而为每一类知识不费力地开辟道路。雄辩术是合理学科中的第三项,通过雄辩术,一个人可以探索辩才的艺术。② 我们也把它列入公民学的重要部分的第三项。但是,虽然雄辩术在过去往往是作为贵族教育的一部分被广泛地学习,现在它几乎已完全被废弃不用了。它已被完全逐出法律诉讼,在那里,争论的双方不再运用长篇的演讲,而是引证法律以雄辩地互相攻击,支持自己的论辩。在司法的雄辩中,很多年轻的罗马人曾一度成就了伟大的光荣,不是宣告有罪,就是捍卫无辜。审议性的雄辩长久以来也在王子和贵族中无用武之地,因为他们想要的是用少量语言解释的意见和直率地带到会议中去的论据,而在大众的政治制度中最有才华的演说家被认为是话语朴实无华而说话详细的演说家。现在还保留的只是论证性的那一类演说,虽然它从未被废弃不用,但今天很少用得正确。③ 因为在撰写演说稿时,几乎每个人都运用也许可以恰当地描述

---

① 昆体良:《雄辩术原理》1.4.5。
② 同上书 2.17.2。
③ 亚里士多德将雄辩术区分为三类(《修辞学》1.3.3),这种区分法传给了后来的作者如昆体良的《雄辩术原理》2.21.23。

为反艺术的艺术。基于这种情况,凡是想要受到良好教育的人,无论如何必须研究雄辩术,以便在适合于每一种类型的雄辩的情况出现时,他都能运用他的学艺,流利而详尽地演说。[1]

　　然后是诗歌。虽然对研究他的人的生活和言谈有很大贡献,然而它似乎更适合于取乐。[2] 诚然,也能使听者喜悦的音乐在希腊人中曾一度享有很高荣誉,一个人如果不懂得听和演奏七弦琴,就不能认为他是受过自由人教育的人。苏格拉底在年老时还学习这门艺术[3],并规劝高尚的年轻人学会这门艺术,不是为了刺激放荡的行为,而是为了按理性的准则调适灵魂的动向。正因为并不是每一种声音都形成乐音,只有和声才能形成乐音,所以并不是所有的灵魂,而是只有与理性和谐一致的灵魂才能对和谐的生活作出贡献。由于音乐形式的运用对于使头脑松弛、使情感平静有很高效果,所以,对这门艺术的知识,的确是与自由人的头脑相称的,它提供了原理,根据这些原理,我们推论出声音的各种不同的性质和特征以及它们之间相互的比例关系,从中产生和音和不和谐音。

　　关于数字的学科称为算术,关于量值的称为几何学,两者是近似的。在这些学科中,确立了不同种类的数字和量

---

① 昆体良:《雄辩术原理》2.21.25。
② 亚里士多德:《修辞学》1.11.23。
③ 昆体良:《雄辩术原理》1.10.13;瓦勒里·马克西姆 8.7. ext 8;西塞罗:《论老年》。

值,并分别按照在相等和不相等之间,在线、面、体之间的各种不同的关系,而展示它们的很多特征。这一类知识是最有趣的,其中包含着高度的确定性。[①] 另一门精美学科是探讨物体的运动、量值和距离的学科,因为它召唤我们远离这里下界的阴影和晦暗,把眼睛和头脑引向用无数光亮装饰起来的光华灿烂的天宫。当我们向上注视时,领略对固定的星星的敬畏,记住行星的位置、名称和它们的会合,同时在很久以前就预先看到、预报日食和月食,这是有趣的。事实上,关于自然的知识,特别是适合于人类的理智并与人类的理智是一致的,因为通过这种知识,我们了解了自然事物的原理和进程,包括有生命的和无生命的,以及天上和地上所有的事物的运动、变化的原因和结果,通过这种知识,我们能够解释凡人通常认为是奇迹的许多事情。任何事情在了解了之后都能使人愉快,但特别使人愉快的是我们关心天上和地上到处产生明显结果的事情。与这些事情密切相关的学科,如望远镜、度量衡制度,同样是富有吸引力的值得研究的学科。

因为我的论文已经走得很远,让我也触及其余的学科。医学是值得知道的很好的事物,它对身体健康是很有益的,但它的业务中很少有与自由人的头脑相适合的内容。精于法律对社会和对个人都是有益的,而且到处都享有盛誉。诚然,它是从道德哲学中派生出来的,正如医学是从自然哲

[①]　昆体良:《雄辩术原理》1.10。

学中派生出来的一样。但是,尽管对学生讲解法律是体面的,接受诉讼当事人的法律咨询也是体面的,但是为了收费和取得法定财产而试图出售他们的学业成就,包揽讼事,则是不光彩的。① 神学(Divine Science)②涉及远离我们的感官、只有心智才能领悟的最高的原因和事物。③

我们已经列举了几乎所有重要的学科,并不是为了要每个人都必须懂得全部这些学科并把它们学好或被人认为已经学好——诚然,每一门学科都能吸引一个人的全部努力,满足于适度的学习的能力正如满足于适度的财产一样④是一种美德,我们宁可这样做,以便使每个人能够抓住最适合于他自己的学科——虽然所有这些学科都互相联系,完全不懂其他学科,就不能学好任何一门学科。⑤

然而,人的智力确实是有区别的。有些人在任何一门学科中都能不费力地找到论据和中项以证明他们自己的主张,而另一些人在找到论据上迟缓但能明智地辨别它们。前一种智力在提出论据上占优势,而后一种努力在答辩时占优势,同样,前一种类型的智力适合于诗歌和理论科学,后一种类型的智力适合于经验科学。有些人机智敏捷,但在言辞上迟缓,这种人似乎更宜于写作讲话稿和精明的演

---

① 昆体良:《雄辩术原理》1.12.18。
② 即神学。
③ 维吉里奥在这里是指形而上学,如他在两段以后的解释。
④ 辛尼加:《书信集》88.36。
⑤ 西塞罗:Arch. 1.2。

说词。另一方面,那些头脑和言辞上都敏捷的人则出色地适合于辩证的争论。那些快言快语但才智略逊的人——即是伶牙俐齿但头脑迟缓的人——在任何一种演说中都不占优势。此外,有些人的记忆力很强,这种人长于历史研究和理解大型法律书籍。① 在这方面,我们应当知道,记忆力离开了努力就值钱不多,而没有记忆力的智力则几乎毫无价值,至少就学习各门学科来说是如此。然而,这样一种头脑在与行动有关的事情上能够有价值,因为可以把已经做的和必须做的事用笔记下来,以弥补记忆力的不足。然而,在书本学习问题上,凡是我们没有记住的东西或不容易回忆起来的东西似乎就是完全不知道。②

　　除此以外,有些人的心理能力从可感知的物质的事务上转移开了,更适合于理解非物质的本质和一般概念;与此相反,另一些人倾向于表现,忙于琐碎的事情。后者适合于实践智慧③和自然科学,前者适合于数学和称为形而上学的神学。至于其余的学科,人们应当追求适合于他们的天性倾向的学科。因为智力可能是长于思辨的,也可能是长于实际的。此外,还有一些智力上有局限的人,即法学家们称为木头木脑的人,虽然他们在其他每种事情上是弱智,然而却有一种或另一种突出的才能,因此只应当允许他们做

---

① 昆体良:《雄辩术原理》11.2.1。
② 但丁:《天堂篇》5.41—42。
③ 在亚里士多德的体系中,有关谨慎的学问相当于道德哲学。

他们最有能力做的事。① 诚然，亚里士多德虽然关心积极的公民生活，却相信一个人不应过于沉迷于自由人学科，也不应过久地留恋于它们以追求完美。② 有些以全部时间和精力献身于理论和文学的乐趣的人也可能成为对他们自己有价值的人，但不管他是王子或普通公民，他肯定对他的城市毫无用处。③

这些就是我们关于学科、智慧能力和这两种类型需要做出的解说。在这方面，必须看到，首先，跟从最优秀的大师不仅学习教给高年级学生的更重要的规则，而且学习各学科的初步基础，这是有益的。也不要把我们的时间消磨在仅仅浏览任何作家的著作上，我们应当阅读最优秀的著作。由于这个原因，马其顿的国王腓力浦要求亚历山大首先向亚里士多德学习。④ 古代罗马人在把孩子送到学校时，注意让他们首先学习维吉尔的著作。这些例子都有最充足的理由。在年轻人的头脑中播下什么种子，它就深深扎根，以后没有什么力量能把它再拔出来。⑤ 所以，如果他们从一开始就习惯于最优秀的（教师和作家），就会以他们为最高的权威和向导而永远利用和拥有他们。但是，如果他们吸入了错误的东西，那么把错误的东西抖出来，然后灌

---

① 昆体良：《雄辩术原理》2.8.7。

② 亚里士多德：《政治学》8.2.2。参看辛尼加：《书信集》88.37。

③ 普鲁塔克：《论儿童教育》10。

④ 昆体良：《雄辩术原理》1.1.23。

⑤ 维吉尔：Georg. 2.272。

输正确的教训,就要花双倍的时间。这就是为什么当时著名的乐师提摩都斯被逐出斯巴达的原因,因为他在七弦琴上增加了弦的数量,又发明一种新的音乐调式,对于没有在开始时跟其他乐师学过的学生收取固定学费,而对于前此从其他乐师学过音乐的人收取双倍的学费。①*

在学习的过程中,正是本来应成为巨大帮助的那件事,即强烈的学习愿望,却往往成为很多人的障碍。他们要求在同一时间把每一样东西都学到手,而结果却什么东西也不能保存下来。因为吃得过量并不营养身体,而是使胃作呕,压抑并削弱身体的其余部分,同样,将大量的东西一下子突然塞入记忆,它们立刻就会漫不经心地溜走,并在将来削弱记忆力。所以,要让渴求学习的人广泛地阅读,但要让他们每天选择记忆力所能消化的少数事情,用这种办法让他们在每个人的能力或闲暇所允许的范围内贮存三四件或更多的事情作为那一天的特殊的收获。在阅读其他东西时,通过默想他们已经学过的东西,他们会成功地将它们保存在记忆中,每天的阅读使他们更熟习他们还要掌握什么。

更有甚者,这种想要知道和学习过分强烈的愿望通常是与某种杂乱无章的研究的好奇心结合在一起的。当这种人急于要一个一个地掌握很多事情时,他们会一下子把精

---

① 昆体良:《雄辩术原理》2.3。

* 提摩都斯,亚历山大大帝时代梯比斯地方著名的乐师,除昆体良在《雄辩术原理》中提到此事外,后来,夸美纽斯在《大教学论》中两次提到这个故事,以说明再教育比教育困难得多。——中译者注

力投放到各种不同的学科上,时而回到这门学科,时而回到那门学科,时而倾全力抓住这一门学科,过一会儿又把它搁置一边,又稍稍抓一下另一门学科,然后又转到另一门学科。这不仅是完全无用的,而且甚至是有害的。有一句谚语说得好:酒灌入瓶中的次数太多会变酸。所以,更好的办法是集中注意于一件事情并全力以赴,按照作者将它们留传下来的先后顺序去领悟各个学科。有一些人读书颠倒了顺序。一会儿从末尾开始,一会儿又浏览到中间,本应首先学习的东西却放在第二位学习——这种人从漫不经心的学习中所得到的唯一收益就是让人看起来什么也没有读过。我们应当熟知同一门学科内的大量书籍,以便从中挑选最好的书。①

并不是每个人都应当承担同等的劳动量,而是要根据各人头脑的倾向。有些人的头脑的贯穿力像铅(比如说),而另一些人像铁。不锋利的铅质的头脑不太善于学习,而那些智力锋芒锐利但柔性易变的头脑需要在学习中经常中止。如果他们不能以第一击就击中目标,他愈努力就变得愈迟钝。而那些赋有铁质智力的头脑,如果它也是锐利的话,则无物不可穿透,除非它们要想穿透坚不可摧的障碍物。如果他有不锋利的铁质的头脑,通过勤奋努力仍然可以克服一切困难。所以,如果他们对有些事不理解,他们不要像有些妄自尊大的人那样立即大声说出来,也不要像意

---

① 辛尼加:《书信集》2,45.1;这里,维吉里奥站在与昆体良相反的立场。

志薄弱的人那样陷入失望；他只需要在意向上更加坚持。有些人头脑敏锐但记忆力较弱，那些领悟事物敏捷的人却很少保存下来①，这种说法是正确的，所以，为了保存和加强记忆力，加图说他用的方法是特别恰当的：他总是在晚上回忆白天所做、所见、所读的东西②，好像是要求自己把白天的事务记录下来，像有些人，不但要把他们的业务活动记录下来，而且也把空闲的时间记录下来。所以，如果能做到，我们要记住一切事情。如果做不到，让我们至少牢牢记住我们挑选的特别重要的事情。

此外，就我们日常的学习与同学交换意见也是有益的，因为争论使头脑变得敏锐，培养口才，加强记忆，通过争论我们不仅学到很多东西，也理解更深，表达更贴切，这样学习的东西也记得更牢固。③ 把我们所学的东西教给别人，对我们自己的帮助也是不小的，把所学的教给别人是进步的最好方法。④ 然而，几乎在所有的学习者身上都发生这样的情况，当他们在开始时在某个方面取得良好进步时，他立刻就认为自己在各门学科上都取得了更大的成就，俨然他们已经是有学问的人，能够进行争论、能够狂热地捍卫他们自己的观点了。这对他们是一个重大障碍，因为学习的第一步是怀疑的能力，没有什么东西比假定自己是饱学之

---

① 昆体良：《雄辩术原理》1.3.1—7。
② 西塞罗：《论老年》。
③ 西塞罗：《论老年》；昆体良：《雄辩术原理》1.2.17—29。
④ 此处与昆体良有关的资料不知出自何处。

士或过分相信自己的机智对学习更有害的了,前者使我们丧失学习的兴趣,后者使它遭到削弱。学生没有必要以这种方式欺骗自己。最容易受骗的人是自己。在我们的欺骗下受害最多的还是我们自己。这种情况的发生是因为没有经验的学生还没有能力对隐藏在科学中的偏僻小路、拐弯处和悬崖峭壁进行估量。所以,他们或者是对书中他们靠自己的力量不能理解的很多东西错误地加以删改,或者是归咎于抄书人的无知和粗枝大叶,把他们所不懂的东西故意放过去。然而,努力和坚韧不拔会蔑视这种态度。

如果时间安排得当,如果每天安排固定的时间用于学习,使每天的读书时间不因任何事务的影响而分心,一切事情的发生都会是令人满意的。如果亚历山大在出征途中照常读很多书①,如果恺撒与他的部队一起行军时照常写书,如果奥古斯都在承担了像摩德那色战争这样重大的事务以后,仍然经常在军营中读书写作,并每天朗读②,还有什么活动能打断我们城市生活的闲暇时间,如此长久地召唤我们放弃研究学问呢? 此外,把哪怕是一分一秒的时间的损失都看做是大的损失,把我们的时间看得如同和我们的生命和健康一样重要,使我们不致没有必要地损失任何时间③,正如我们把别人用于休闲的不活动的时间用来从事不那么费劲的学习,在愉快的阅读中度过这段时间,这也是

---

① (可能是)普鲁塔克的《亚历山大传》。
② 苏厄多尼:《尤利乌斯·恺撒传》56;《奥古斯都传》84.1。
③ 辛尼加:《书信集》117.32.;De Brev. Vif. 3.2。

有益的。也有充分的理由汇集别人通常忽略的有用的时刻,如有些人在进餐时读书,并一直读到睡着了(或用读书避免入睡)。诚然,医生们主张,这样的读书有害于视力和眼睛,但只有读书过度,或者过于专心致志,或者吃了难消化的食物之后,才是如此。如果在藏书室内在我们的面前放置一台时计,使我们能看到时间悄悄地流逝,如果我们不将那个地方用于建立藏书室的本来目的之外的其他目的,不允许那里有无关紧要的思想和活动,益处也是不小的。

论身体锻炼和军事职业

让那些头脑适合于学习更甚于身体适合于战争的人们以更大的热情和注意留意这些话。然而,凡是头脑活跃身体又强壮的人应当注意于两方面的追求,培养他们的头脑使之能分辨真理,决意执行理智的命令。发展他们的身体使之能坚韧不拔,乐于服从。最后,我们应当用一切方法培养自己防止不公正,而不是处罚暴乱,或者,如果允许使用武力,我们不应为抢劫和贪心而战斗,而是应为命令和光荣而战斗。[①] 诚然,对于王子来说,最合适的是学习军事学科,因为他们应当掌握和平与战争的艺术,应当能指挥军

---

① 西塞罗:《论责任》1.7.23—24;1.12.38。

队,必要时亲身参加战斗。亚历山大大帝经常在口头上提出这个义务,他事实上也总是这样做的。每当他的朋友就荷马的史诗中哪一句最精辟这个问题发生争论时(这是容易发生的),亚历山大(他对荷马十分感兴趣)总是特别挑选有关阿伽门农的一句诗:

他既是一位好国王,又是一位强有力的战士。

似乎是说,同一个人既是好国王,又是勇敢的战士,是一件很得体的事。①

因此,从婴儿时代起,身体就要受到服军务的训练,头脑就应当养成忍耐的习惯。犹如驯马,我们应当亲手把年轻人带到竞技场,训练他们习惯于不费力地在尘土和汗水中忍受日光照射和劳累。正如我们常常看到的,纤细的小树枝能承受住从花朵中结果、充分长大的苹果的重量,在重压下弯曲而不折断——如果这个重量不是在不知不觉中缓慢地增加的,它甚至连结实的树枝也能压断——人类的情况也是如此。除非从童年时代起通过人生的各个阶段把他们的头脑和身体锻炼得很坚强,能忍劳耐苦,在日后一旦有危险威胁他们时,他们立刻就会被制伏而没有抵抗力。古代杰出的立法者迈诺斯和莱库古所告诫的正是这种锻炼。克里特和斯巴达的法律规定在锻炼中训练他们的年轻人不

———————————

① 荷马:《伊利亚特》3.179;色诺芬:《回忆苏格拉底》;普鲁塔克:《亚历山大传》。

仅旨在训练身体上的坚韧性,而且也训练精神上的自制。他们指导他们的年轻人,在户外长大,从事狩猎,用这种方式年轻人练习了跑和跳,学会了忍耐饥渴、冷热①,这是一些能容易地转变于军事用途的能力。闲暇削弱人的头脑和身体,而劳累则增强和锻炼它们。除非受到耐劳的锻炼,他们不能忍受劳累。但是习惯了不费力地运用头脑和身体的人在必要时就能忍受各种危险和困难。

在这方面,除了您父亲的榜样以外,自古迄今,我举不出更著名的例子。您自己也知道,我是有意地把您的祖先的形象放在您的面前,我常常尽力使您回忆起他们,因为他们具有某种高贵的气象,是您要好好学习的。人们通常是从他们自己家族中的榜样受到更大的鼓舞,正是因为在善行方面超过自己的家族是光荣的。如果我们的生活方式和习惯从给予我们荣誉的美德中堕落下去,则通常认为是可耻的。

还是回到您的父亲吧。他在很多事情上可以受到赞美,然而他自己往往以自己的忍苦耐劳的能力而最感到自豪。我们知道,他努力工作,不知疲倦,如此大胆地敢于冒险,他似乎认为他的身体是无足轻重的,似乎他属于不死的一类人。②诚然,他蔑视劳苦,也同样蔑视死亡,增加了他的勇气。他是如此勇猛地面对一切困难。人们必定相信他

---

① 西塞罗:《图斯库兰讨论集》2.14.34。
② 弗朗西斯科·诺维洛从1390年到1405年是帕都瓦的绅士。

无所畏惧——也许除了他老死的可能性。在我看来,这是一种卓越的态度。我们应当永远注视美德,将我们的心思转向著名的事业,我们不应过于珍爱生命。① 如果按照人世间事物的真正价值去衡量人世间的事物,就不难看出,如果认为花费巨大的努力去追求人生的成就是正当的,则生命越长,成就就越小;如果认为希望生命短促是正当的,则生命越短,生命的灾难就越沉重。因此,一个平时生活高尚、战时行为勇敢的人,能沉着地承受一切事故,而在死亡到来甚至由于环境和必然性而提早到来时,也能平静地接受死亡。

我们不应担心我们意外地生命太短,而是要担心我们已经活过的寿命活得太渺小。② 生命的每一个阶段都有能力做出辉煌的事业。后来第一个被称为阿弗利开努斯的西比奥＊在他父亲反对迦太基人的斗争中为国服务时还仅仅是个少年。当汉尼拔在梯西诺河边挫败了罗马人时,西比奥从危险中救出了作为执政官和统帅的父亲,当时他父亲正受伤并被敌人包围。就这样,男孩西比奥以其忠诚、勇敢的行为,从一次连老兵也很难逃脱的战役中救出了一位执政官、将军、公民,即他的父亲,从而使他在公德和私德两方

---

① 西塞罗:《论老年》19.69—70。
② 辛尼加:《书信集》;Bem.；De Brev.
＊ 西比奥[Scipio，Africanus（Pubius Cornelius），237—183 B. C.]，罗马将军。——中译者注

面都理应赢得赞誉。① 伊米利·勒比都斯被派去参加战斗时也还是个孩子，就在这次遭遇战中，他既杀死了一个敌人，又救出了一位公民。为了纪念他，元老院命令在土丘之上竖立他身着执政官官服的塑像，以便使其他人也从他的榜样中受到激励，使如此出名的少年成就的创造者得到应有的荣誉。② 但是，但愿我们也不吝惜对您自己的称赞，虽然比他们两人都更年轻③，最近在布列西亚面对着日耳曼人的军队，您敢于武装前进反击敌人，而当时没有其他士兵自愿这样做，我几乎难以知道您的行为在您的敌人中引起了多大的惊奇或在您的朋友中引起了多大的羞耻感。④

因此，孩子们从最早的年岁起就要被培养敢做大事和忍受困难的能力。对于斯巴达的儿童能说些什么呢？古人往往盛赞他们对教育的重视，他们习惯于在与同伴的争斗中展示如此坚强的忍耐力，当他们被粗暴地摔倒在地或在一次争斗中偶尔倒地时，他们宁愿选择被杀或气绝而亡，而不愿承认失败。在这种习惯中必定包含着某种精神在内！甚至在神坛前⑤他们往往被打得流血不止甚至气绝而亡，我们对此还感到惊奇吗？然而从没有一个人哭出声音来，

---

① 瓦勒里·马克西姆 5.4.2。
② 同上。
③ 伍伯蒂诺时年 11 岁。
④ 在吉安·伽利亚佐(Gian Galeazzo)打败帝国军队的布列西亚战役(1401 年 10 月 24 日)中，伍伯蒂诺所起的作用仅仅在维吉里奥所写的当时的资料中得到证实。
⑤ 即通常人们希望有神坛的地方。

也从未有一点痛苦的表示。① 在国内受到了这种训练,他们的年轻人终于表现出使古人永志不忘的战绩。的确,他们从将军或父亲那里听到的话中能有什么可以和从母亲那里听到的话有同等价值呢?每当他们即将进军反对敌人时,母亲告诉他们,如果他们生还,就要把武器带回来,如果战死,就让别人把武器带回来。② 因为他们相信,让他们的军队向敌人投降,或在溃退时抛弃他们,都不如战死。他们爱护自己的武器,把它们看做自己身体的一部分加以保护。毫不奇怪,他们往往在活着时检查他们的盔甲,因为他们相信,带回自己的盔甲是荣誉的标志,即使死者也是如此!他们携带武器的习惯和习俗是如此显著,他们像爱护肢体和衣服一样使用他们的武器,似乎武器并不给他们的身体增加任何重量。如果罗马军团没有受过长期刻苦练习的训练〔军队(exercitus)来自练习(exercere)〕,他们怎么能以步兵纵队带着武器和防御用品以及其他日用必需品、经常在最多时携带 15 天甚至 15 天以上的食物往往是跄步前进——所有这些东西对一匹骡子也是很重大的负担?③

所以,凡是打算致力于或学习武器或学习识字(这些是最自由的、最重要的学科,因为它们最适合于王子)的人,一旦达到能运用四肢的年龄时,就应习惯于使用手臂,一旦他

---

① 辛尼加:《箴言》4.11;普鲁塔克:《莱库古传》(书中到处可见);西塞罗:《图斯库兰讨论集》2.14.34,5.27.77。
② 普鲁塔克:《阿波夫·拉克传》16.17(241F)。
③ 西塞罗:《图斯库兰讨论集》2.16.37。

们能组成单字时就应立即责成他们学习初步的识字。在那以后,他们应立即预尝他们要终身追求的活动和学习,练习它们的初步基础。他们可以轮换学习这方面的活动,使他们有固定的从事身体锻炼的时间,同样有固定的时间安排用于文字的练习。不仅男孩,成人也这样做,这是恰当的,它甚至也是皇帝应有的练习。狄奥多西在白天从事军事锻炼或就他的臣民的事务处理法律审判问题,晚上则在烛光下专心致志地读书。① 但是我们在上面关于书本知识的学习已经谈得太多了,下面继续谈谈其他事情。

应当从事那些能保持良好健康、使四肢更强壮的锻炼。在这里必须经常考虑到每个人的天生资质,因为体质柔软、潮湿的人通过精力充沛的锻炼必定会变得干燥、结实,而其他人则需要得少些。血液易于沸腾的人则最好在太阳炽热时静静地休息,但也要顾及年龄。在青春期到来之前,他们应当只接受较轻的负担,否则,即使在这个年龄,体力也会耗尽,或妨碍身体的成长。② 但在青春期以后,他们应当断断续续地接受更重的功课。更为恰当的是,在童年时期培养他们的头脑,年龄较大的青年则应受到性格教育。同样,在童年时代应注重纪律,到少年时代则应更多关注体力和健康。③

青年时代锻炼的重要性和应注意事项可以用马利

---

① 可能出自以奥勒里·维克托的名义编的《恺撒书信集》。
② 亚里士多德:《政治学》8.4.1。
③ 同上书 8.4.2。

(Marius)作为范例来说明。普鲁塔克证实,当马利年事已高而且身体很迟钝时,这位伟大的战斗英雄即使在平时也每天和年轻人一起到军营去,和他们一起锻炼,以教给他的儿子作为一名军人的义务和行动。① 由于这些假装的争斗,他们就以更大的勇气和技能去参加实际战斗。如果这种在和平时期和休闲中追求的战斗的教育是无用的,那么,睿智的执政官普布利·路提利首先命令他的部队接受使用武器的训练就是徒劳的。他召集全城最熟练的斗剑士,命令他们将防范和击剑的方法介绍给军营,使他的士兵不仅在力量和勇气上是能手(这是他以前全力追求的目的),而且在训练和技术上也是能手。②

因此,年轻人应当学习与这种练习有关的事情,如右手握剑攻击敌人、左手握小盾以保护自己的能力,两只手都能握剑、叉、棍棒和长矛的能力,时而投掷(投枪),时而躲在盾后的能力,以及毫无困难地以尖锐的武器和锋利的武器打击敌人的能力。他们应当练习跑、跳和搏斗,举行拳击比赛;练习投掷标枪,尽力投远,准确地射箭,挥舞长矛,投掷石头,驯马,时而用靴刺刺马使之跑、跳,时而放缰让它快速奔驰。他们应当在两类锻炼中都受到训练,使他们既能像骑兵一样,又能像步兵一样顺利地进行战斗。一种用作战的长矛互相攻击的骑兵比赛通常能使他们在作战时更勇

① 普鲁塔克:《马利传》34.3.
② 瓦勒里·马克西姆 2.3.2.

猛，技术更娴熟，因为他们学习了用长矛刺向目标，以坚定的注视坚守着战斗的冲锋线。

武器的种类和怎样使用武器，像穿衣一样，每天都在变化；追踪这些变化，试一试哪一种变化是好的，但愿坚持更好的方法。同样，战术也是经常在变化。曾经有一段时间，在古代英雄的时代，指挥官是在双轮马拉战车中进行战斗。后来，特别是罗马人，几乎没有什么骑兵（或者说，至少是不多）——部队的战斗力完全依赖步兵。现在，没有人在双轮马拉战车中作战了，几乎每个人都在马背上作战。

只要时行的习惯做法行之有效，保持这种习惯，在作战锻炼中刻苦地练习它，这是有益的。最后，士兵应受过各种战斗的训练，因为作战的进行，有时用格斗，有时结果完全决定于作战队形，有时是步兵冲击，有时是以决斗解决冲突。（大多数看来在战阵上作战特别英勇的人当被召唤进行单兵格斗时就丧失勇气和力量。）的确，这种以游戏的方式进行的训练与在混战中学到的是完全不同的。在混战中，各种东西都缺乏，而恐惧是实实在在的。贺拉斯有这样的警句：

> 哦，朋友，让健康的男孩在严峻的服兵役中
> 学习忍受极端的匮乏
> 让使人恐惧的骑兵
> 用长矛追击凶猛的帕西亚人
> 让他在露天下、在恐怖的事务中

度过他的光阴。①

用这种办法，他就会达到未来的将军们在思想上和实践上必定要求的那些更重要的事情：指挥部队在哪里安营扎寨；应当怎样布置战阵；怎样预知敌人的计划；怎样设埋伏（在战争中是惯用的）同时又怎样避免中敌人的埋伏；怎样使战斗部队的士兵散开而又恩威并济地保持自己部队的团结；怎样维护严格的军纪。

士兵的英勇总是产生对将军的赞美，同样，士兵的失败也总是归罪于将军。的确，来自良好行为的荣誉同来自错误行为的耻辱是不能相提并论的。将军执行每一件事都应当是如同他是针对这种情况预先计划好了的，即使发生新的没有预见到的偶然事件，也不致手忙脚乱。士兵们自己应当是自然而然地勇敢，在战争艺术上训练有素，他们应当精神饱满，武器充足，没有超过严格必需的过多食物。经验和实践会教给将军和士兵的任务以及骑兵和步兵的职责。这些事实从实践中学习比从口头教训和书本上学习得更好，这已是被人们广泛地重复说过的话，然而，的确存在伟大人物所写的军事著作，你肯定不应轻视它。② 一个将军也应当懂得权力和运用战争机器。您知道，您的父亲在这方面是十分足智多谋的。我不知道还有谁以（比他）更大的热情研究过器械或（可能）建造过更多这一类东西。

---

① 贺拉斯：Carm. 3.2.1—6。
② 例如维革西：Mil.；弗朗提努：Str. 。

最后——一件与前面的论述无关的事——年轻人应当学会游泳，这件事是奥古斯都·恺撒如此热心地要他的侄儿们（他没有儿子）学习的，他竟常常亲自教他们游泳。[①]这种本领往往能使人们免遭重大危险，使他们在海战和渡河作战时更勇敢。在有关军事锻炼问题的整个范围中，您有两个哥哥值得仿效，即弗朗西斯科和吉亚柯摩，他们是以其使用武器的熟练技巧而名声远扬，以其十全十美的节制和自我克制而名声卓著的贵族。对他们表示信任、忠诚和尊敬，如您所做的那样，正确地仿效他们，使您自己也为您的较年轻的亲属们树立一个美好的榜样和提供一个防止灾祸的防波堤，对您来说，这总是合适的。人类的友情关系是最强有力的，血统的义务是神圣的。敬老，爱幼，在同辈中则应保持节制和善良。

休闲和娱乐

因为我们不能总是在工作，我们有时也必须容许有娱乐。现在让我们提出在这方面的方法和计划。首要的、最重要的原则是不要从事卑下的有害的运动，除非它在某种程度上能促进人的勤奋或锻炼体力。西比奥、李利（有时）

---

① 苏厄多尼：《奥古斯都传》64。

和李利的继子司契伏拉往往去海边或河床收集卵石和小贝壳以消遣,这种活动实际上变成了他们的必需,因为他们只是在摆脱了重大的劳务或年事已高时才常去采集。在这方面,上述司契伏拉的习惯也许是更值得赞美的。据说,他曾是一个出色的球类运动员,当他在法庭工作或从事解释民法的劳动疲倦时,他往往特别从事这种娱乐活动,以恢复精力,增强体力。[①] 致力于狩猎、捕野禽和捕鱼,也属于这个范畴。此种活动以极大的乐趣恢复精神,它们所需要的运动和努力则强壮四肢。

> 以热情缓缓地缓解沉重的劳动。[②]

正如贺拉斯所说。如果这些事情不以极大的快乐加以调剂,有谁能自愿地承担如此的劳累而他的力量又能够承受得起呢?的确,莱库古立法的目的正是这件事(劳累和坚韧),而不是少年人的娱乐。不然的话,如果这些事情也许显得过于繁重,不能使学习太劳累的年轻人得到缓解,那就让他们或者绝对地静下来,或者骑马缓行,或者作一次愉快的散步,他们甚至可以相互说笑话或打趣,只要它们的趣味是正当的,这是斯巴达人用来解闷的习惯,《莱库古传》详细描述了这种习俗的好处。[③]

正如我们在上面所说,用唱歌和奏笛来使头脑松弛,这

---

① 瓦勒里·马克西姆 8.8.1—2。
② 贺拉斯:《讽刺诗集》2.2.12。
③ 普鲁塔克:《莱库古传》。

不是不体面的事。这是毕达哥拉斯派的习惯①，它曾一度是古代英雄中著名的事实。荷马曾描述了从战争中撤下来的阿基里斯（阿克琉斯）用这种方法休息——唱歌赞诵强有力的人，的确不是爱情歌曲。② 为了消遣，我们既可以自己这样做，也要理解别人这样做，即采用适合于我们自己和我们的时代的音乐调式。西西里的调式最适合于休息和娱乐，法国调式则相反，它激越、催人奋进，意大利调式则居于二者之间。③ 同样，唱歌和打击乐组成的音乐是体面的，而用口哨吹奏则与绅士身份不符。④ 音乐伴奏的舞蹈和与妇女的集体舞则似乎是与男人不相称的娱乐。然而，其中也可能有某些益处，因为它们锻炼身体，使四肢敏捷灵巧，如果它们不致使年轻人好色、轻慢、败坏良好德行的话。

棋类游戏则不是如此，因为它提供模拟的争斗和针锋相对的竞争，如同最古老的作者们所说，是帕拉米得斯在特洛伊战争中发明了这种游戏，以便使他们的士兵被这种娱乐所吸引，以防止如此心烦意乱的部队发生兵变。⑤ 另一方面，掷骰子的游戏促进不适合于自由人的贪欲，不然就促进不适合于男子汉的柔软性。为了赢钱而玩掷骰子的人最

---

① 昆体良：《雄辩术原理》9.4.12。
② 瓦勒里·马克西姆 8.8，ext 2；普鲁塔克：《亚历山大传》；荷马：《伊利亚特》9—186—189。
③ 维吉里奥是描述他那个时代的音乐习俗，但是着眼于亚里士多德：《政治学》8.5.8。
④ 同上书 8.6.5；普鲁塔克：《阿尔基比阿得斯传》2.5—6。
⑤ （可能是）Philostratus Her. 11.2。

好从事更有益的事情。但是,在这里追求快乐的人,则是智力迟缓的人,因为他们不能找到更体面的娱乐。最适宜于取乐的游戏是某种要求有巨大技巧而尽可能不依靠偶然性的游戏。虽然,也许有人认为把休闲时间用在这种技艺上是可以接受的,是因为存在着关于这些事情的文学论述,或者由于受到该书作者的名气的影响。他们可能认为,那位作者认为写作有关它的书籍是体面的事,因而从事那种游戏并非不体面的事。例如,克劳迪·恺撒出版了一本论掷骰子游戏的书①,这种游戏是那些仅仅热衷于这一件事的人们通常享受的乐趣,其结果是他们怠忽了全部财产,事实上浪费了整个人生。

然而,对于以学习文学为乐趣的人,各种不同的读物都带来舒适,而新的读物又能解除对旧读物的厌烦。然而有时,需要绝对不做任何事情,完全从工作中摆脱出来,以便再一次满足工作和劳累的要求。因为总是绷紧的肌肉如果不能有时放松一下,它就会崩裂——虽然对于明智的人来说,当他无所事事时就是他最难熬的时间——假定一个明智的人也"能"无所事事的话。② 我们曾听说过,有些人习惯于这样安排他们的时间:对于整整一昼夜的时间,他们以三分之一用于睡眠,三分之一用于工作后的休息以恢复体力,三分之一用于自由学习。就我而论,我不打算责备这

---

① 苏厄多尼:《克劳德》33。
② 西塞罗:《论责任》3.1.1。

种安排，但我完全不能推荐它，根本不能。然而，我肯定，而且敢于大胆肯定，我们的生命白白地溜走的愈少，我们的生命因此就愈长久，我们愈应把更多时间用于有益的学问。

身体的整洁

最后，让我谈一下身体的整洁：怎样保持身体的合乎礼仪——既不过分讲究，又不是不修边幅①——使之与手上的任务、地点、时间特别是与人物角色相称。坐在学校里时头戴花冠或脱掉外衣，或穿着飘拂的长袍或长袖的短上衣去作战，都是不相宜的。一个王子的儿子也不应像平民一样身着廉价的、肮脏的短上衣，或头戴破旧的帽子。过分讲究衣冠楚楚和具有吸引力是女性头脑的标志和严重虚荣心的证明。虽然，年轻人有权有某种嗜好，也不是他们所有的错误都要受到严厉的责备，因为，除非在某些方面能满足年轻人的要求，他们就会把那时的恶习带到老年。

伍伯蒂诺，我已经为您写了上面这些话，正如我在开头时所允诺的，不是为了提醒您应该做什么，而是把您展示给您自己。② 如果您追随自然的向导，您不需要顾问就能达

---

① 西塞罗：《论责任》1.36.130。
② 可能是西塞罗写给他的兄弟昆图斯（Q. Fr. 1.1.36）的信的改写：At ea quidem, quae supra scripta sunt, non ut te instituerem scripsi。

到美德的巅峰。除非您自暴自弃，您的天生的禀赋似乎就为您有关的一切事情提供了光辉的前程。但是，如果我似乎赋予了您以某种赞美的称号，我希望您在接受我的这些赞美时，把它们看做是良好行为的动力，而不是对已有的高尚行为的奖励。所以，您要竭尽全力证明您自己是一个与您的少年时期的高尚开端相称的男子汉。善用先天的禀赋，不要背弃您拥有的优秀的品质。为了我，不要使我被人们看做是虚伪的先知和对您的愚蠢的预言者。如果您行为正当，您会受到所有您的同时代人的赞美，您一定会在我的文字作品中被推荐给子孙后代，如果我有这种能力的话。如果您不能做到，就有一个人——我自己——敢于坦诚地说并公开承认，使您自暴自弃的只是您自己。

论学习文学

致蒙特菲尔特罗的
巴蒂斯塔·马拉特斯塔女士①

列奥纳多·布鲁尼

　　亲爱的女士,在我写信给您介绍我听说得很多的先天能力的杰出的完美发展时,由于很多关于您的惊人的优点的接二连三的报告使我感到紧张不安,或者,如果我的介绍太多,无论如何那也是为了通过我的这些文字,规劝您把您的优点发展到这种完美的程度。我能够提到的用以规劝您的优秀的以文学研究和雄辩才能而著名的妇女的典范并不缺少。西比奥的女儿康纳利亚以最优美的文笔写信,她的信在她死后保存了数百年。① 莎孚的诗作以其独一无二的流畅和文字技巧②在希腊人中享有最高的荣誉。然后,还有阿斯帕西亚,苏格拉底时代的一位有学问的妇女,她在辩才和文学上都很杰出,甚至像苏格拉底这样伟大的哲学家也不因承认向她学习到某些东西而赧颜。③ 我还能举出更多,但是,以这三位作为最著名的妇女的范例已足够了。从她们的优秀表现中受到鼓舞和感到振奋吧!

　　认为您所拥有的这样的理解力和智力是白白地赋予您的,这种看法是不恰当的。认为您应当满足于平庸的成就,也是不恰当的。如此的天赋期待着并鼓舞着最高程度的优秀表现。您的光荣会更加辉煌,因为其他妇女的旺盛时期正值学者辈出的时代,这些学者人数众多,减低了那些妇女理应受到的尊重。而您生活的这个时代正值学术已如此一落千丈,遇到一个学者就被认为是绝对的奇迹,更不用说妇

---

① 西塞罗:《布鲁图斯》211;昆体良:《雄辩术原理》1.1.6。
② 德米特里:Eloc.其中处处可见,特别是 127 页;奥维德:《书信集》,莎孚。
③ 柏拉图:Menex,235E—136D。

女了。然而,我所说的学问,并不是指当今以神学为专业的
人所拥有的那些乱七八糟的、粗俗的东西,而是将文学技巧
和实际知识①结合起来的那种正统的自由人②的学问,是拉
克坦西、奥古斯丁、哲罗姆所有的学问,他们全都既在文学
上是完人,同时又是伟大的神学家。与此形成对照的是,现
代的神学家对文学知道得多么少,真是可耻!

但是,我离题了。让我还是继续我们的谈话,并不是为
了让您受到我的教训(因为我想你没有那种需要),而是为
了让您了解我关于学习文学这个题目的观点。

一个人要以我所说的您那种优点为目标,我认为首先
需要获得不只是一点点或普通的而是广泛而精确的甚至是
精湛的对文学的熟习。没有这个基础,任何人都不能使自
己成就高尚的或光辉的事业。缺乏文学知识的人既不能充
分理解学者的著作,如果他自己打算写作的话,又不能避免
自己闹出笑话。要获得这种知识基础,教育有其应有的地
位,但更重要的是我们自己的努力和学习。诚然,基础教育
我们不难得到。每个人都知道,在前一种情况下,头脑需要
有一个教育者加以训练,可以说是使他入门,使他不仅认识
各种词类及其排列顺序,而且认识较小的细节和词的成分。
但是我们在童年时代吸收这些东西,好像是梦幻一般;以后
当我们前进到更重要的阶段时,它们又莫名其妙地回到我

---

① "自由人的"(liberal)也就是"本土的"(native),其含义可能是指意大利本土的
　　学问,与北方的经院主义神学不同。
② 在雄辩家的培养中这两种因素的必要性西塞罗在《论雄辩家》中特别强调。

们嘴边。只有在那时,我们才尝到它的甜味和真正的芬芳。还有另一种更健全的基础教育,它对成人比对儿童更有用。这种教育,我指的是被称为语法学家的人的教育。他们彻底地研究过我们书籍中的每一个细节,并由此创立了一种文字的学科。塞尔维和普里西安就是这一类语法学家。

但是,请相信我,我们自己的研究更重要得多。研究不仅向我们展示和解释了单词和音节,而且向我们展示和讲解了借喻和各种优美、华丽的修辞手段。通过研究,我们收获了文字的构成,似乎是收获了我们的教导,的确,我们学到了很多教师不能教给我们的东西:无音的声调、优美、和谐和魅力。研究的最重要的准则是要看我们是否仅仅研究最优秀的、最受赞许的作家所写的作品而避免研究只会损毁和降低我们的天然能力的粗糙的愚昧的作品。粗陋的错误百出的作者的读物以它们自己的缺点浸染读者,以同样的错误百出传染读者的头脑。可以这么说,研究就是头脑的精神食粮,通过它,智力得到训练和营养。由于这个缘故,正如爱吃的人小心地挑选他们要送进胃里的东西,同样,凡想要保持口味的纯正的人,只允许某些读物进入他们的头脑。

于是,我们首先要学习的将是,只读最优秀的、最受赞美的作家的作品。其次就是,以敏锐的批判性的辨别力对待这些著作。读者必须研究为什么词语是那样安排,句子的每一个成分的意义和作用,包括较短的句子和较长的句子。他必须透彻了解各个小品词的作用,从所读的作家的作品中把小品词的习惯用语和用法抄录下来。①

所以，欣赏严肃文学并想要避免不健康文学的妇女要采纳奥古斯丁和哲罗姆以及她认为与他们相近的作家，例如安布罗斯和赛普里安。但是，在所有曾写过基督教的书籍的作者中最伟大的人，以其才华横溢的、丰富的词语表达超过他们所有的人的就是拉克坦西·菲米亚努斯。无疑，他是一切基督教作家中最有辩才的人，他的辩才和技巧最能滋养和培育我正在考虑的那种类型的能力。我推荐他的全部著作的大部分：《反对伪宗教》、《论上帝的天罚》和《人的创造》。如果您热爱文学，就请您读它们。您会沉浸于快乐之中，如食美味，如饮醇酒。如果您有任何教会的希腊学者格里高利·纳吉安贞、约翰·克里索斯托姆或大圣·巴西尔的著作的译本，我劝您也读它们——只要您读的是拉丁文翻译的善本而不是盗版。②

另一方面，一位欣赏世俗文学的女士将会选择西塞罗，一个如此——天哪——善辩的人！词语如此丰富！如此优美！在各种优点中是独一无二的！其次是维吉尔，我们文学中的乐事和装饰品。然后是李维和赛路斯特和依次紧随其后的其他诗人和作家。读他们的著作她会训练和增强趣味，她会小心谨慎，在不得不说点什么或写点什么时，所用的词语没有不是从这些著作中第一次遇到的。

---

① 昆体良：《雄辩术原理》中关于模仿的理论。
② 可能是攻击布鲁尼的对手、一位有学问的卡马多伦先的僧侣安布罗吉奥·特拉维萨里(1386—1429)，布鲁尼不同意他对希腊教父著作的翻译。

如果她不时进行朗读，也是更加有益的。因为在散文中也像在诗歌中一样，有一些节奏、曲折变化、生动的韵律，似乎是一曲凭听觉能够辨认、感受其韵律的管弦乐，它的声音抑扬顿挫，在冒号、逗号和句号之间的连接作用作了优美的安排。① 这在每一个优秀作家的作品中是很容易看出来的。当她朗读时，她会清晰地领会到这一点，如同听到一曲和声，她在以后写作时还会听到它，模仿它。她的朗读的另一个结果是，让每个字都在恰当的时间、恰当的地方说出，要着重强调时，不说得太快，当需要说快时，就不是重点。

此外，我不希望她对写作一无所知。我现在说的不是指书法（虽然我赞美拥有各种技巧的人），我说的是字母的组成和音节。她应当了解每个字怎样写，了解字母的特性和从一个字母到另一个字母的运行，哪些字母可以连写，哪些字母不能互相贴近。当然，这是一件小事，但它是我们所受教育的重要标志，它暴露出缺乏这些知识的人的无知。她还要熟记每个音节的音量，即是长音、短音还是中等音。这种知识对于了解很多段落是必需的。不然的话，这些段落就是不可理解的，如维吉尔所说：

每个人的头发都按传统的方式扎成整齐的花环②

---

① 句号、冒号和逗号是希腊修辞学中的专有名词，分别使用于一个完整意义的单位（或拉丁文的 sententia，即句子）、句子之内的从句和从句之内的短语。参阅西塞罗：《论雄辩术》；昆体良：《雄辩术原理》。
② 维吉尔：《伊尼德》；意思是说，没有关于量（他可能还加上格律）的知识，就难以辨别夺格和主格，在现代的拼写中，两者是一样的。也可以用另外的方式将这句读成"像往常一样，他们都剪掉头发，戴上大小合适的王冠"。

以及上千个其他例证。如果一个人自认为是文学家而又错误地理解像音节的音量这样基本的东西,这也是最不体面的,特别是因为诗歌是被人们普遍地认为属于文学中受到重视的一部分,而诗是由音步组成的,而音步是由它们的音节的音量组成的。如果一个人不懂得音量,他能有什么出息?他还能有什么诗的兴趣?这是我自己不能清楚地理解的问题。

我相信,在作曲和写散文时,这种知识同样是必需的。[①] 散文中也是有韵律的,只是大多数人不能觉察出来。事实上它是韵味和乐趣的源泉。根据亚里士多德的意见,韵律的运用在一个句子的开头和结尾是大不相同的,即使在句子的中间,也有某些韵律是可取的而其他的韵律则应避免。他自己特别称赞古代的赞神诗,它有两种形式:一长拍三短拍,或三短拍一长拍。他认为后者适合于从句,前者适用于句子的开头,也完全适合于句子的中间。他不赞赏长短短格和短长格用在句子中间。他认为前者声调太高,而后者又太低。[②] 西塞罗爱用在从句中的韵律是对偶句。它由两个扬抑格组成,即长—短—长的扬—抑—扬音步和前面提到的赞神诗。他认为,当我们运用粗俗的和一般的文体时,抑扬格(短长格)最适合于用在掉尾句的中间,他认为,如果我们运用更完美的文体,扬抑抑格(长短短

① 西塞罗:《论雄辩家》3.43.173—176。
② 亚里士多德:《修辞学》3.8;西塞罗:《论雄辩家》3.47.182—183;《雄辩家》57.191—192。clausula 是指一个从句或整句结尾的韵律。

格）、古代赞神诗或后来称为韵律的 dochimius（一种五音步的诗格，一短，二长，一短，一长）适合于句子的各个部分。[①]此外，很显然，争论、叙述、致悼词，各有其相应的韵律。愤怒和情绪激动不接受要求有快速节奏的扬扬格。相反，叙述和教训则要求不慌不忙的、平稳的节奏，因而不愿意要险峻的音步。因此，每一种不同的思想交流方式各有其相应的韵律。任何作者如果不知道这个事实，他在写作中就会听命于偶然性，犹如在黑暗中蹒跚前进。

也许有很多人认为，我对这一点的关心过于夸大了。然而他们必须记住，我所说的是能力很强、前程远大的人，平庸之辈可以根据他们的能力，或步行，或爬行。可以肯定，如果没有对所有这些事情的知识和实践，任何人都不能臻于文学的巅峰。而且我这篇论文的目标是包括文学的整个领域，不仅仅是通常的熟练，而且包括文章的绚丽、优雅和更大的魅力。我唯愿我们的作者拥有修辞学上的 garniture de toileūe（化装用的服饰），一个精美的衣柜，一套丰富的家具，如果我可以这样称呼它的话。一旦需要写任何类型的作品时，她就能进行创作并展示出来。

已经说过，真正的学问就是将文字技巧和实际知识结合起来，我们已经阐明了我们关于什么是文学技巧的观点。所以，现在让我们谈一点关于知识的问题。在这里，我要再一次指出，凡是智力表现出大有出息的人，就拥有最强烈的

---

① 西塞罗：《雄辩家》58.197,63.213,64.218。

学习愿望。但愿她不轻视学问的任何一个分支,把整个世界都看做是她的领域。总之,她要奇迹般地激起对知识和理解的欲望。我想,一个如此热情和动机纯正的人必须受到称赞并向着某一方向疾驰而去,而在另一方向上则应让她勒马止步,把她唤回。有一些学科,完全忽视它是不适宜的,然而完全掌握它也绝不是令人高兴的。例如,在几何学和算术中,如果她花去大量时间去啃那些细枝末节的晦涩难解的东西,我就要抓住她把她从它们那里拉走。在天文学甚至在雄辩术这门学科上,我也会同样这样做。

我提出最后一点时有些犹豫,因为,如果有任何活着的人曾在这门学科上做出过努力,我敢承认我自己就是其中一员。但这里有很多事情必须考虑到,首先是我给写信的那个人。因为对于一个永远都不会走上论坛的女士,为什么要用 status、epicheiremata、Krinomena① 这些细枝末节以及上千种其他雄辩术中的谜语去耗尽她的精力呢?那演讲姿态的技艺,希腊人称为 hypocrisis,我们称为 pronunciatio,狄摩西尼斯称它为演说家的第一重要、第二重要和第三重要的才艺②,它远非一位女士所应关心的事。如果她在说话时用双臂强有力地做手势,用激烈的强音大声高呼,可能她会被人认为是在发疯而把她监管起来。法庭上的争议如同战争和战斗,是男人的领域。女人的领域不是学会

---

① 雄辩术的专有名词,见上书 36.126;昆体良:《雄辩术原理》3.6,4.4.1。
② 西塞罗:《雄辩家》17.56;《雄辩术》3.56;布鲁图 142。

发言赞成和反对证据,赞成和反对严刑,赞成和反对信誉。她不会去从事老生常谈,或思考预先窥知对方的论据。总之,她会把法庭上的那些乱七八糟的事统统留给男人。

那么,我何时鼓励她、何时策动她前进呢?正是在当她致力于神学和道德哲学的时候。正是在那里,我要求她张开双翼,在那里运用她的头脑,在那里度过她的祈祷之夜。它值得我们花点时间详细说一说。首先,但愿基督教妇女向往于获得神圣文学的知识。我还能提供什么更好的忠告呢?但愿她在这门学问上多探索、多考虑、多细查。但是,但愿她爱好古代作家的作品。现代的作者,如果他们是好人,但愿她对他们尊重、尊敬,但她们应当少将注意力放在他们的作品上。在他们的作品中,一位文学妇女不会找到在圣奥古斯丁的著作中所没有的教训。此外,和他们不一样,圣奥古斯丁的著作中有一个有教养的人的用词风格,这是一种值得重视的风格。

我也不会让她满足于神圣文学的知识,我愿她也把兴趣扩展到俗世的学问,愿她知道在哲学中最优秀的人物关于道德哲学有什么教导,哪些学说讨论到节欲、自制、谦逊、公正、勇气和心胸豁达。她应当了解他们关于幸福的信念,美德本身是否足以给人幸福,或者,折磨、贫困、放逐或监禁是否能阻挡我们向幸福前进的道路。当这些灾难降临到有福之人的头上时,是否会因此使他们痛苦,或者是否它们只是夺去了幸福而没有导致真正的痛苦。人间的幸福是否如伊壁鸠鲁所说的包括快乐而没有痛苦,或如芝诺所相信的,包括道德价值,或者如亚里士多德的观点,包括美德的练习。[①] 请相信我,像这样一些问题都是美好的,从理智上说值得注意的。它们的价值不仅在于在人生中它们给予的指导,而且它们也如各种各类的写作和谈话一样提供各种奇妙的表达方式。

于是,神学和道德哲学这两门学科将成为她的最重要的目标,成为她的学习的 raisons d'être(存在的目的)。其他学科则按照它们对这两门学科所作贡献的程度或作为装饰品而与这两门学科结合起来。说人的奇迹般的优点、使一个名字提高到真正的知名度的优点是广泛的各种各样知识的结果,这种说法是正确的。说我们应当多读、多学、在各种不同的优点中进行选择,获得、估价和审查一切事情,从这一过程中我们的学习就能获得很大利益,这种说法也是正确的。然而同时,我们应当仔细选择、认真考虑我们所能支配的时间,以便优先挑选那些最重要的、最有益的事情进行学习。[②]

在我看来,上述各学科应当首先与历史知识结合起来,这是任何一个学者都不应忽视的学科。熟习一个人的民族的起源和进步以及伟大的国王和自由的人民在平时和战时的事迹,这是适宜的、体面的事。关于过去的知识对我们的忠告和实际判断给予指导,(过去的)相似的事业的结果根

---

① 参见布鲁尼:《道德哲学绪论》,载格里费斯、汉金斯、汤普逊合编《列奥纳多·布鲁尼的人文主义》,其中更深入讨论了这些观点。
② 西塞罗:《论雄辩家》3.22.82—23.89。

据我们现在的环境给我们以鼓励或阻止。此外,历史是杰出行为的榜样储备的最方便的来源,用它来润饰我们的谈话是合适的。而且,有些杰出的历史学家也是卓著的精练的作家,因而也是学习文学时有价值的读物。我指的是李维、赛勒斯特、塔西佗和库西尔。特别是恺撒,他在他的《评论集》中以最流畅而优美的笔调描述了他自己的业绩。因此,前程远大的妇女要继续获取这些知识,当它们能使阅读愉快时,就更加如此。因为在这里没有难以捉摸之处需要解释,没有难解决的问题需要解开,因为历史所包含的完全是容易领悟的事实的叙述,一旦领悟了(至少是被我所考虑的杰出头脑所领悟),就永远不会被忘记。

我还要进一步劝她不要忽视雄辩家。在别处还有谁能以如此的情感赞扬美德、以如此的凶猛谴责恶行?教给我们赞扬好行为、仇恨坏行为的正是雄辩家;教给我们怎样安慰、怎样鼓励、怎样激励、怎样阻止的,正是他们。诚然,哲学家也能做这一切事情,但是,以某种特殊的方式发怒、怜悯、唤起头脑和使头脑平静下来,这些都完全是雄辩家力所能及的。还有那些像星星和火炬一样使我们的用词风格光彩夺目、赋予它以特性的修辞手段和思想,都是雄辩家所特有的工具,我们在说话和写作时可以借用它们,在需要时为我所用。一言以蔽之,我们的表达方式的丰富、有力、流畅和生动,似乎都可以从雄辩家那里得来。

我愿她还要阅读和了解诗人的作品,这是一切伟大人物都具有的知识,至少亚里士多德常常引用荷马、赫西俄德、品达、欧里庇底斯和其他诗人的作品,通过他熟悉的知识和动辄引用他们的诗句,表明他作为一位诗歌学者不亚于他作为一位哲学家。柏拉图同样经常引用诗人的作品,无拘无束地甚至是没有理由地引进它们。事实上,他经常利用他们的权威来巩固自己的权威。关于希腊人就说这么多。拉丁作家怎么样呢? 当西塞罗由于不满意于恩尼、巴枯维、阿克西和其他拉丁诗人而在自己的作品中充满了他自己对希腊诗人的作品的翻译时,是否认为西塞罗对诗的知识熟习得太少呢? 严峻的、严肃的辛尼加又如何呢? 他不是甚至也写诗、不是时而诗情如泉涌吗? 我略过奥古斯丁、哲罗姆、拉克坦西和波厄西不说,他们的著作展现出大量诗的知识。

我的意见是,一个没有读过诗人作品的男人,似乎在文学方面是个伤残的人。关于生命和应当怎样生活,诗人有很多明智的有益的事情可说,从中可以找到天性和出身的来源和原因——似乎是一切教导的种子。由于他们的古风和在知识上的声誉,他们享有很高的权威。由于优美,他们赢得了光彩和盛名。由于高贵,他们值得自由人学习,谁如果不知道他们,似乎就是有点粗俗的人。难道荷马缺乏任何一种智慧,我们应当否认他是最明智的人这种声誉吗? 有的人说,他的史诗提供了一种完美的人生的教义,包括平时和战时的生活。诚然,在战争事务方面,关于将军的深谋远虑,士兵的狡诈和勇气,可以允许的和没有必要的各种诡计、忠告、计划,有什么事情他没有告诉我们呢? 特洛伊战役中某一次战斗的指挥者伊尼亚斯以强大的武力将希腊人赶回自己的防线,正在不顾后果地催促他的人马继续向前冲,正当他即将倾全力进攻希腊人时,赫克特快速向他跑去,劝告他们行动要小心谨慎,说指挥一支军队的人需要更加小心而不要有匹夫之勇,感谢永生的上帝,多么有价值的箴言,特别是出自勇敢的赫克特之口的箴言。[①] 我们现在的昧于这一忠告、鲁莽而不谨慎的将军们给他们自己和他们的部属带来了巨大的毁灭和可悲的残杀。在同一作品中,我们看到,当艾里斯被派到阿伽门农那里去,发现阿伽门农睡着了时,他叫醒阿伽门农并责备他在肩负如此重大责任、人民的安全都托付给他照管时却在睡觉。[②] 在这里再一次看到,这是多么明智!——不管你愿意称它为教导、忠告还是告诫。苏格拉底、柏拉图或毕达哥拉斯曾经对一位将军提出过比这更好的或更令人起敬的忠告吗?如果我们不担心太啰唆的话,我愿高兴地再说到上万次这样的箴言。此外,关于和平时期的事务,他的箴言也是同样多,同样出色。

但是,得啦,为了避免将一切都归于荷马和希腊人,让我们考虑一下维吉尔的智慧的重大价值。当他从一次神谕或自然的秘密处所展示出:

----

① 荷马:《伊利亚特》。布鲁尼将赫克特与赫勒努斯弄混淆了。

② 荷马:《伊利亚特》2.23—35。布鲁尼再一次把故事弄混淆了。宙斯是派"梦"到阿伽门农那里去,而不是派女神艾里斯。这个错误可能是他的希腊文手抄本将 oneiros 误写成 Iris 所致。

首先认识天上、地上辽阔的闪光的原野

美丽的月亮女神的位置,远处,布满星星的海洋

一种内在的精神流入,通过如一个关节

到处都充满了无定形的团块,的确激动着

与整个宇宙浑然一体的头脑。

于是有了人和畜类,于是在高空耸立着群兽

在下面是闪烁的波涛

海洋震颤的奇观真正来临。

贯穿在每一条血管里的激情汹涌澎湃

于是每一粒种子宣告它神圣的诞生。①

　　如此等等。当我们读到这些诗篇时,我们能对哲学家作如此高的评价吗?哲学家中有谁曾经以如此的知识揭露心灵的性质和本质?当同一位诗人,好像受到上天的激发,甚至还在我主降生以前就以这样的文字预言,又当如何呢?

现在,地球的末日来临,现在在时间的尽头

出现了新的秩序;于是说着库米人的韵律,

现在贞女来临;现在繁荣昌盛的国家又重新到来。

现在从天国的大门

天国的子孙降临,地球上更新了人类。②

　　古人中最明智的人告诉我们,诗人有着非凡的头脑,他

---

① 维吉尔:《伊尼德》6.724—731。
② 维吉尔:《牧歌》4.4—7。

们被称为 vates（预言者）①，因为他们与其说是主动地说话，不如说是由于天赐的灵感，以一种更高的精神状态说话。虽然在这里，维吉尔是求助于库米人的女预言家西比尔（Sibyl）。据拉克坦西说，西比尔曾预言了基督的降临。②西比尔有时的确预言了基督的降临，但并没有透露他到来的时间。但出生于西比尔以后很久的维吉尔认识到那个时间已经到来了，并奇迹般地、诧异地宣告："上天派遣了新的后代。"

还有些人说，我们不应阅读诗人的作品，说我们永远不应当品尝。我可以用确切的真理宣告其为神圣性的文学的一个分支！这种人大部分往往是自己在纯文学上没有受到训练，因而对文学中任何优美的东西既不懂，又不尊重。关于这个问题，我的观点是：关于诗的知识在我们的教育中具有最重要的意义，同样也是因为前面说的它的有用性——我们和事实一起获得了广泛的各种了解——也是由于它的文字上的优美。此外，它是我们的学科中最灵敏的学科。我们在年幼时还不能集中精力于任何其他实际事物时，它的丰满的韵律使它易于记住；它随处伴随着我们，它不需要书本就能自然而然地回到我们的记忆中，所以，你甚至可以在做别的事情的时候也可以学习它。

至于诗歌符合人的天性的程度，我想，可以从下面的事

---

① 诗人和先知的结合。
② 拉克坦西：《神学原理》7.24.11—12。

实看出来：普通的、没有受过教育的、没有任何关于文学或学问的知识的人，只要他们有智力，他们也喜爱运用他们的原始能力发出某种声音和韵律。即使他的意思用散文表达来得更好，更容易，他们也认为，如果把它变成诗歌，它就听起来更加悦耳。此外，在教堂做弥撒时，即使弥撒进行得极好，我们有时也打哈欠，打瞌睡。但是一当唱出诗篇的副歌 Primo dierum omnium，或者 Iste Confessor，或者 Ut queant laxis resonare fibris 时，我们之中有谁竟会如此囿于世俗之见而感受不到灵魂的飞升、感受不到灵感的激发呢？正是由于这个理由，有些古人相信灵魂是一种韵律，一种和谐。[1]（他们认为）确定无疑的是一切与自然相一致的事物都喜爱与自己最相似的、关系最密切的事物，而能使我们的灵魂变得柔和、使我们的灵魂喜悦的莫过于和谐和韵律。但这是另外一个也是更重要的话题。目前，我只希望人们理解这样一点：天性引起我们兴趣的正是诗歌，它比文学的任何其他分支更能引起我们的兴趣。它极为有用、快乐和崇高。一个人如果没有关于诗歌的知识，就绝不能被认为是受过自由人教育的人。

我知道关于诗歌问题，我已经离最初的打算走得太远了。一旦开头，要控制自然而然地蜂拥而至的大量观点，就比找到一个人应该说的话困难得多。但是，我更愿意这样

---

[1] 布鲁尼必定是通过柏拉图的《美诺篇》和戴奥真尼·拉尔修认识毕达哥拉斯派的理论的。

做,因为我知道,您家族中的一个王子①如果偶尔听到我的这篇论文,会反对这篇论文中的这一部分。诚然,他是一个为崇高事业而生的、以具有多方面的崇高美德而著称的人,却是一个在争论中固执己见的人,他一旦采取某种立场,就不愿放弃。所以,一旦他宣称我们不应读诗人作品,他就会将这种错误观点坚持到死。但是,我不愿意和他争吵,特别是在文字上和他争吵。因为即使他不在场,我也对他怀着最深的敬意。

但是,我完全愿意问一下另一个反对诗歌的人,我们为什么不应当读诗。没有明确的反对诗歌的强有力的理论,他就用包含有爱情故事和错误性行为来指控诗人。但是我敢确定,在任何其他作家的作品中都找不到如此之多的妇女节制和善良的范例:佩纳罗庇(Penelope)的贞洁和对乌利色斯(奥德修斯)②的忠贞,阿尔摄斯提斯(Alcestis)对阿德米都斯③的惊人的节制,两人在面对着灾难和长期与丈夫分离时的奇迹般的坚贞。很多这样的例子可以在女性艺术的最优秀的范式诗歌中读到。是的,有时也有对性爱的

---

① 这名王子指卡洛·马拉特斯塔(1364—1429),日米尼的治理者,一位著名的雇佣兵队长。有一个故事说,在 1397 年 8 月 28 日的戈维诺洛战役以后,他准许毁掉明西奥河畔的维吉尔的古代雕像,结果他被普遍谴责为人文主义学术的反对者。参见阿兰·菲舍:《毁坏维吉尔雕像的三点思考:早期人文主义的诗论》,《文艺复兴》季刊,第 40 期(1987),607—635。
② 荷马:《奥德赛》2.50,2.85—128,19.23。
③ 欧里庇底斯:AIC.随处可见,特别是 152—198,282—286。

描述，如菲卜斯和达芙妮的故事①，乌尔坎和维纳斯的故事②，但是，有谁会如此愚蠢，竟至不了解此种事情都是虚构和寓言？此外，应该谴责的事情是很少的，而良好的值得知道的事情是很多的，如我在上面所展示的荷马和维吉尔的诗就是这样。忘记真正应受赞扬的东西，仅仅记得符合于自己的论据的东西，这是极不公正的。我的严厉的批评者说："我要保持纯洁，我宁愿放弃担心恶行的善行，而不愿冒着恶行的危险去希冀某种善行。所以，我自己既不读诗，也不容许别人读诗。"但是，柏拉图、亚里士多德都读诗，而且我不认为，无论在严肃的道德问题或实际的理解上，他们二人会同意你们的观点，或者说，难道你们认为，你们比他们看得更远吗？

"我是一个基督徒"，我的批评者说。但是，你是否暗示，他们过的是没有德行的生活呢？好像说，名誉和道德的严肃性当时与现在有什么不同！好像说，同样的甚至更坏的事情在《圣经》中找不到！难道我们没有看到《圣经》中对参孙的野性肉欲的描写。他把他的强有力的头投进一个非利士女人大利拉的怀里，以致被剃掉了作为他的力量来源的头发？③ 这不是富有诗意吗？这不是可耻的吗？我且略过不提罗得的两个女儿的骇人听闻的罪行④，所多马人的

①　奥维德：《变形记》1.452—567。
②　荷马：《奥德赛》8.266—366；维吉尔：《伊尼德》8.369—406。
③　《旧约·士师记》16：19。
④　《旧约·创世记》19：31—38。

可恶的猥亵行为①。尽管我是诗歌的赞美者，我对这两种
情况实在难以启齿。为什么甚至还要提到大卫王对拔士巴
的情感，他对乌利亚②的罪行，所罗门的杀害亲兄弟的行
为③和他大量的情妇④。所有这些故事都是邪恶的、猥亵
的、令人作呕的，然而，难道我们可以说因此就不能读《圣
经》吗？当然不能这样说。再者，不能因为诗人作品偶尔涉
及人的快乐就反对读诗人的作品。就我而言，当我读到维
吉尔对黛朵和伊尼亚斯的事情的陈述时⑤，尽管我知道那
是虚构，也同样感动。我的性欲并没有被唤起，因为我知道
情景都是虚构的，目的是为了作比喻。相反，当我读《圣经》
时，因为我知道事情是真实的，我经受住了考验。

　　但是，我不坚持，我十分愿意放弃一点点我的立场，特
别是假若我是在对女士说话时。我承认，正如在贵族和平
民中有区别一样，在诗人中的高尚也同样是有等级差别的。
如果哪里有一个喜剧诗人使他的主题过于露骨，如果一位
讽刺作家在痛斥恶行时有点过于直率，愿她转移目光，不去
读它们，因为这些人都是粗俗的诗人。诗圣们的作品，我指
的是维吉尔、辛尼加、斯达西以及同类的其他诗人的作品都
必须要读，如果她不打算没有最优秀的文学装饰品的话。

---

① 《旧约·创世记》13：13；18：20—19.29。
② 《旧约·撒母耳记下》11：3—4。
③ 《旧约·列王记上》第 2 章第 25 节。
④ 同上书，第 11 章第 1—3 节。
⑤ 维吉尔：《伊尼德》4。

没有它们，她就不要指望能获得荣誉。

总之，我所说的那种卓越仅仅是来自广泛的、多种多样的知识，有必要大量地阅读和理解，下苦工夫阅读哲学家、诗人、雄辩家、历史学家和所有其他作家的作品。这种阅读的结果是我们需要以丰富的、充分的知识表现出谈吐流利的、全面发展的、文雅的和有宽广修养的人，还需要有充分发展的、令人起敬的写作技巧，两者结合使两者都得以加强、两者互有助益。没有知识的写作技巧是无用的，无结果的，没有灿烂的文学之灯①，再广博的知识也会凋谢下去成为泡影。如果一个人既没有能力以杰出的口才把它说出来，又没有能力值得赞美地把它写出来，那么知道很多优美的事物又有什么用处呢？因此，不妨说，写作技巧和实际知识是彼此结合的。正是由于这两者结合在一起提高了已故的被人尊敬的古人的荣誉和名声。柏拉图、德谟克里特、亚里士多德、迪奥弗拉斯图斯、瓦罗、西塞罗、辛尼加、奥古斯丁、哲罗姆、拉克坦西，对于所有这些人，我们难以确定，究竟更优胜的是他们的知识，还是他们的写作能力。

结束语：我坚持认为，渴望成为最优秀的有才智的人必须这样受到双重的教育，正是为了要获得这两方面的知识，我们才集中我们的读书范围；然而，我们也必须估量时间，由我们支配，仅仅致力于最重要的最有用的学科，而不要在偏僻的、无益的学科上浪费时间。我认为，应当成为我

---

① 西塞罗：《论雄辩家》。

们的特别学科的是宗教和道德哲学，与它们有关的其他学科都是陪衬，只起着相应的辅助作用，或解释它们的含义。正是因为这种认识，我们必须选定诗人、雄辩家和其他作家。在文学的学习上应当注意运用高尚的箴言和长期的洞察入微的观察，除了最优秀的最受称赞的书籍以外，绝不读其他书籍。

这些就是我关于学习文学的观点。即使您的看法不同，我也愿意把它们贡献给您，因为我不是以教师致学生的身份给您写信（我不应这样自命），而只是以您的崇拜者中的一员，这些崇拜者唯愿将我的信心和您的信念结合起来，如他们所说，以鼓舞赛跑者继续向胜利前进。再见。

论男孩的教育

伊尼亚斯·西尔维·庇柯洛米尼

　　向最尊贵的拉迪斯拉斯王子、匈牙利和波希米亚的国王、强大的奥地利和伊尼亚斯的君主、特里斯特的主教,致以诚挚的问候。

　　如果有任何一个人应当致力于美德,完全献身于美好的事业,没有一个有理智的人会否认,那个人就是您,杰出的拉迪斯拉斯国王,因为当您完成学业以后,人们会期望您治理伟大的诸王国和广袤的领土。除非您成为一个尽善尽美的、深谋远虑的人,您不可能治理得长久。王国是听从美德、拒绝邪恶的,正如以前的罗马不能容忍一个皇帝的胆怯、懦弱,现在的匈牙利也看不起一个国王的懒散。没有人比一个统治者更需要智慧;一个被自己的错误毁坏了的人怎么能正确地管治别人呢?[①] 一个愚蠢的国王既毁掉他自己,也毁掉他的人民[②];一个明智的国王则万事亨通。"通过我,"智慧说,"帝王藉我坐国位,君王藉我定公平。"[③]所以,当您还是一个孩子以及当您长大成人时,要让自己受到最好的教训的熏陶。

　　您还应当以您的祖先——包括父系的祖先和母系的祖先——的榜样使自己受到这种理想的鼓舞。您的祖先曾以最值得赞扬的方式治理罗马帝国;也要以您的父亲,已故的受人尊敬的、不朽的阿尔伯特为榜样,使自己受到这种理想的鼓舞。您如果是这些人的不相称的后人,那是最可耻的

---

① 萨力斯布里的约翰著:《波利克拉提克斯》5.7。
② 《伪经・耶稣智慧书》10.31。
③ 《旧约・箴言》8—15。

事。继承祖先的国度的人也应该继承他们的美德，这是合乎情理的。您是继承高贵地位的人，要留心同时也要成为他们的美德的继承人。以高尚的道德装饰起来的贵族身份是值得称赞的。一切邪恶的事都是不高贵的。谁会把一个与其家族不相称的徒有虚名的人称为高贵的人呢？[①] 诚然，正如不勇敢的哑口动物即使出自良种，也没有人称它为优良的牲口[②]，同样，如果一个人的德行不受到称赞，他就不能恰当地被称为高贵的人。

如朱文那尔所说，那是一件可怜的事情：

> 依靠着别人的名声
>
> 否则柱子会倒下，房屋会倾毁。[③]

此外，追求学问为获得美德提供了最大的帮助，这种学问对国王是再适合不过的。因为知道这一层道理，一位罗马皇帝在一封信中强烈地规劝当时曾与他结下友谊的法兰克国王，劝他们注意让他们的孩子受到学问的教育。信中说，一个不识字的国王就像一匹戴上王冠的驴子。我发现，只要是在社会繁荣时期，罗马的皇帝都不是没有受过教育的。在国内和国外，在元老院和军队中都是学问在统治。但是，每个人都明白，一旦知识受到忽视，一切美德也就随之凋萎，因为军事力量和帝国的威力本身这两方面都受到

---

① 朱文那尔，8.30—32。

② 同上书，8.56—57。

③ 同上书，8.76—77。

削弱，俨如被连根拔起一样。^① 事实上，波厄西说，苏格拉底认为，如果治理者热爱智慧，这是全体国民的幸运。^② 只有努力将政治作用与哲学结合起来的人，只有两全其美的人，他们的人生既致力于公众的利益又能不受干扰地在极度的宁静中研习哲学的人，才是完美无缺的人。所以，王子和一切注定要管理别人的人必须竭尽全力参与公共生活，同时又把握与时代相适应的哲学。伯里克利就是这样履行他的公共责任的。塔伦都姆的阿契塔斯、叙拉古的迪翁和特班·埃帕米农达斯也是这样做的。据普鲁塔克说，其中有两人曾是柏拉图的学生。^③ 我略过不提西庇奥斯们、法比尤斯们、加图们、马色路斯们和恺撒们，他们全都达到名声既高，学问又深。所以，我们希望，当时间到来时，您会以他们为榜样进行治理，俾能在您的领导下，使因灾难深重而疲惫不堪的匈牙利和毁于异教徒的残暴恶行的波希米亚能再一次缓过气来，恢复他们往日的繁荣。如果未来的事件能实现您作出的诺言，我们就会无疑地得到这种结果。因为我们已经闻到了您的香味，"如同耶和华赐福之田地的香气一样"。^④ 您看不到、听不到可耻的行为，这是未来的正义事业的重要标志。您不满意行为不端的伙伴，您专注地

---

① 萨力斯布里的约翰：《波利克拉提克斯》4.6。
② 波厄西：《哲学的安慰》1.4；萨力斯布里的约翰：《波利克拉提克斯》4.6；柏拉图：《理想国》。
③ 普鲁塔克：《论儿童教育》，10。
④ 《旧约·创世记》27.27。

倾听美德的故事。由于您的老师的教导，您在天天努力上进。

十分敬重您、爱您的老师卡斯帕曾对我谈及关于您的这些话题。他是一个既有学问又品行正直的人。应他的请求，我们着手为您写这本小册子。[①] 他极为诚挚地要求我们为您的教育和训练写点合用的简明的东西。我们本来希望把这项任务委托给比我们能更优美更称职地教育您的人。平凡的事情不适合像您这种人，而我们自己又不是能提供高贵的事情的那一类人。但是我们不能拒绝服从您的任务，又不能置您的老师的愿望于不顾，否则我们似乎就是忤逆陛下，或者是您的老师对您的钟爱的一个障碍物。特别是因为我们正在庆祝我们最敬爱的救世主的诞辰——在这个时候，忠诚的基督徒习惯上要交换礼物。事实上，在这个时候应该给您奉献点东西。但由于贫穷，我们能给您奉献什么呢？我们不能对渔翁说："站起来，走路。"因为我们没有这种长处，感谢上帝，您也不需要这种帮助。"金银我都没有"。[②] 我们可以试着说，除了您的老师所请求的以外，我们还能奉献什么呢？美德的箴言超过黄金和白银[③]，如果有任何人把马、衣服或宝石看得比这种箴言更重要，他就像是一匹马、一块石头，而不是一个理智的人。因此，我

---

① 拉迪斯拉斯的老师文德耳·卡斯帕是 1450 年（巴伐利亚）加斯镇的一位牧师。

② 《新约·使徒行传》3.6。

③ 《旧约·箴言》8.9。

们为陛下准备了一件简短的作品，在教会一年一度的庆典上庆祝我主圣诞时，作为礼物奉献给陛下。不知为什么，这件作品在我们手里越写越长，为了避免晦涩不明，我们放弃了简洁。于是，这件作品的篇幅使它既不是冗长得漫无边际，又不是简短得晦涩不明。恭请笑纳，并重视这份来自一个贫困家庭的小小的礼物。您会发现，虽然它不值钱，但很有价值。我们将在分为四部分的本书中向陛下指出，一位国王在孩提时代、在青年时期、在长大成人以后以及在晚年应学习什么。因为我们从著名的作家那里学过这些东西。我们希望您不仅要进入人生的这几个阶段，而且要经历人生的这几个阶段。为了顺利地、幸福地度过人生的这几个阶段，您还应该从其他来源吸收我们这本小册子中所没有的东西——不要轻视这本小册子。再见。

所有要被引导到美德顶端的男孩子都必须有好的资质和学习的能力。但是提供这种资质和能力不是您的权力所能做到，也不是人的努力所能达到的，它只是上帝的恩赐和上天的善意。然而，天生不可教的人是很少的。昆体良曾说，正如鸟生而能飞，马生而能跑，野兽生而凶残，同样，精神的活跃和伶俐是人所独有的；而愚笨的、难驾驭的人之违反自然，不亚于残废的身体显然畸形的人。虽然没有人能在天才上超过别人，但也没有人通过努力而仍然一无所获。① 但我们知道,您的先天的素质是健全的、可塑的,所以,剩下的事就是您接受教育和练习。没有教育,天性是盲目的,同样,没有天性,教育也是不完全的。如果您离开练习,两者的用处都很小。三者结合就会达到完美之境。② 所以,蒙上帝之助,您要自我努力,在学得了教训的规则以后,就着手美德的练习。

在孩提时代,有两件事需要加以教育:身体和头脑。我们将首先谈谈如何照看身体。诚然,我们说,在灵魂注入以前,胎儿就在母亲的子宫里形成了。③ 其次,我们要着手于头脑的教育。有时我们要对身体和精神一起探讨。有人主张,从婴儿时代开始,就应同时注意两者,主张男孩的教育应当从他们所说的第一个"小手指甲"④开始。但是,因为您已经超过了这个时期——我希望这个时期不是无益地度过的——我们必须迅速转到与你的人生的时期相适应的教育。我们把您看做还是一个孩子,请倾听我们给予一个孩子的告诫。

在我给您写信对您提出忠告时,我也是对关照您的一切教师写信,对他们提出忠告。他们应当记住普鲁塔克给图拉真皇帝写的信。信中坦诚地说,学生的错误归于他们的教师。事实上,有很多人都把尼禄的堕落的性格归因于

---

① 昆体良:《雄辩术原理》1.1.3—3。
② 普鲁塔克:《论儿童教育》,4。
③ 这个论点是,既然身体的创造先于灵魂,对身体的关心自然也要先于灵魂。
④ 西塞罗:《论家庭》1.6.2。

辛尼加。当苏格拉底看到先天资质良好的男孩无知时，据说他攻击孩子的导师。① 据巴比伦的戴奥真尼说，亚历山大的老师列奥尼达斯的某些恶习影响了他时，这些恶习从他孩提时代受教育时起一直缠住他，直到他成年，很快成了强而有力的国王。② 所以，把自己的孩子不加选择地任意托付给任何人照管，这种人是愚蠢的，是十足的疯子。

我希望教师是有学问的（这是更好的情况），或者知道自己没有学问。因为没有什么事情比浅尝辄止更坏。用昆体良的话说，是"用对自己的学问的虚假的信心包装自己"的人。③ 所以，马其顿的腓力浦的做法是正确的，他用当时最伟大的哲学家亚里士多德④给他的儿子亚历山大传授初步的学问（我们不知道是由于什么错误列奥尼达斯得到他的职位的）。皮琉斯（Peleus）安排菲尼克斯负责照看阿基里斯也是对的，使他在演说和行动两方面既是领导人，又是教师。教师的生活应当是完美无缺的，他们的道德应当是无可指责的，这就是他们既没有也不能容忍恶行的最好的证明。⑤ 但愿他们既不严厉、严峻，又不放纵和随随便便。他们应当是你既不能恨他、又不能以正义责备他的人，他所说的话总是体面得当的⑥，您不会从中学到以后必须"逆

---

① 昆体良：《雄辩术原理》1.9.5。该处谈及的是关于克拉底斯的轶事。
② 同上。
③ 同上。
④ 同上。
⑤ 普鲁塔克：《论儿童教育》，7。
⑥ 昆体良：《雄辩术原理》1.9.5。该处谈及的是关于克拉底斯的轶事。

学"(unlearn)的恶习。要消除那种恶习是很困难的,因为"逆教"(unteach)比教更加困难。由于这个原因,人们说以吹笛的技巧闻名的提摩都斯向那些曾跟别人学过吹笛的学生收取的学费双倍于没有学过吹笛的学生的学费。① 确定无疑的是,对于有如此卓越的教师的您来说,已经为您作出了最好的选择。如果您遵循他们的教训,您就能获得作为一个杰出的人和一个卓越的国王的荣誉。

正如农人在他们的小树苗的周围扎上篱笆,您的教师的任务就是用过值得赞扬的生活的教导和从中发出最正确的道德幼芽的告诫把你围住,因为接受正当的教育是美德根基之源。② 然而,但愿用忠告而不是用责打指导您,虽然学生挨打是常事,而克里希普也不反对。③ 朱文那尔的话可能提到:

> 阿基里斯在害怕棍棒中已长大成人
> 在家乡高山上可听到他的歌声。④

然而我却更看重昆体良和普鲁塔克的意见。他们说,必须引导孩子习惯于荣誉,不是靠伤害和责打,而是靠告诫和解释。责打只适用于奴隶,而不适用于自由人。对于贵族的特别是王室的男孩子,长者的称赞和责备比责打更有

① 昆体良:《雄辩术原理》1.9.5。
② 普鲁塔克:《论儿童教育》,7。
③ 昆体良:《雄辩术原理》1.9.5。该处谈及的是关于克拉底斯的轶事。
④ 朱文那尔 7.210—211。

用。前者鼓励他们的道德行为,后者禁止他们的不道德行为。然而在两种情况下,都必须适度,否则就会过度。因为过度的称赞会产生骄傲自大,施加的批评过多,他们就会变得心情沮丧、意志消沉。① 事实上,责打激起仇恨,它甚至一直保持到成年,而没有什么事情比学生憎恨教师更坏。如果您希望行为正当,您应当尊师不亚于重道,您要把教师看做不是您身体上的父母,而是精神上的父母。这种忠诚情感对学习大有帮助。② 再听听朱文那尔的话:

> 愿诸神恩准,使世人享受
>
> 祖先温柔的庇荫,
>
> 愿芬芳的藏红花和永恒的青天在
>
> 视教师如父母的人们的骨灰上绽放。③

但是,关于教师,已说得够多了。让我们现在来思索一下教师应当怎样关心您的身体的发展。孩提时期身体养成的习惯会在以后保持下来。④ 所以,您必须注意不要养成过于娇气的习惯,或睡眠太多,休息太多,我们称之为“纵容”的那种娇弱的教养毁坏身心两方面的每一根神经。⑤ 您应避免轻软的毛制品,不要穿贴身的丝织物。有时应穿

---

① 普鲁塔克:《论儿童教育》,7,昆体良:《雄辩术原理》1.9.5。该处谈及的是关于克拉底斯的轶事。
② 同上。
③ 朱文那尔,7.207—2210。
④ 普鲁塔克:《论儿童教育》,7。
⑤ 昆体良:《雄辩术原理》1.9.5。该处谈及的是关于克拉底斯的轶事。

粗糙的亚麻衣服,这是使四肢健壮更能忍苦耐劳的途径。

因为您天生长得漂亮,是一个配得上执掌君主节杖的后代,您必须努力使您的姿态和您的外貌相称,您的表情要合乎礼仪,不要扭嘴唇①,不要哑舌头,也不要沾染酗酒的恶习。不要模仿奴性的傲慢无礼,不要扭头向后,不要眼睛盯着地上,不要把脖颈歪向一边,不要像乡下人那样伸开双手,或用不体面的姿势站着,或用愚蠢可笑的姿势坐着。您的眼睑的动作要有恰当的限制,手臂要伸直,步伐要稳健有度。凡不得体的事都是令人不愉快的。②(马其顿的)腓力浦,亚历山大的父亲知道这一点。有一次,当他将战争中的一批俘虏作为奴隶出卖时,他将笨重的无袖束腰外衣丢在一边,以不合礼仪的姿势坐着。被出卖的人中有一人叫喊道:"饶了我吧,腓力浦。由于我父亲的缘故,我是你的朋友。"当被问到这种友谊的来由时,那个人靠近腓力浦低声说:"把您的大氅稍稍拉下一点,您坐的那种姿势看上去很愚蠢。"腓力浦说:"把他放了,我忽略了这个人曾是我的朋友和表示良好祝愿的人。"③所以,每一个动作、每一个姿势都要遵循礼仪。在这个问题上,希腊人是如此煞费苦心,他们编订了一整套指导手势的规则,称为"手势学"(cheironomia)。苏格拉底对此表示赞成。柏拉图将它包括在他的公

---

① 昆体良:《雄辩术原理》1.9.5。
② 同上。
③ 普鲁塔克:《论儿童教育》,7。

民美德中。克里希普在他关于儿童教育①的理念中也没有
遗漏它。

还有一些体力竞赛绝不应当轻视。但在这些问题上要
听从您的导师,您应当全力以赴,把它看做强健结实的四肢
所必需。因为儿童时代结实的身体是老年时活力的基础。
因为一个国王必须经常从事作战,对一个即将掌握国政的
孩子以军事上的对抗进行训练是合宜的。战争不承认徒有
其表的身体健康。一个习惯于军事锻炼的精瘦的士兵可以
击退凶狠的战士②和准备好投入战斗的纵队。所以,对于
将要经常与土耳其人作战的您来说,在孩提时代就练习弯
弓、射箭、旋转抛石器、猛投梭标、骑马③、跑、跳、追猎、游
泳,这些对您都是适合的。学习任何一种高尚的活动都不
是耻辱。听听维吉尔关于意大利的男孩子说了些什么。

我们首先把儿子带到河边
用冰冷的水进行锻炼
儿子就站着观看狩猎,渴望着进入森林
他们的游戏就是驭马,弯弓射箭。④

我不打算禁止男孩子游戏,只要它们不是粗俗的、下流

① 昆体良:《雄辩术原理》1.9.5。该处谈及的是关于克拉底斯的轶事。
② 普鲁塔克:《论儿童教育》,7。
③ 维革西:Mil. 2.14,1.9—10。
④ 维吉尔:《伊尼德》9.603—606。

的。我同意并赞赏您按照有学问的约翰·新得尔巴赫①制定的规则和同龄的男孩打球。还有滚铁环，还有其他完全体面的儿童游戏，您的老师应当有时允许你们玩，以便放松一下，刺激活跃的性情。一个人不应总是在专心致志于学业和严肃的事务，也不应以巨量的功课强加于儿童，因为他们可能因这种劳累弄得精疲力竭而被压垮。不论在何种情况下，如果他们感到令人厌烦的负担过重，他们接受学习的能力就会降低。灌水过多的植物可以用适度的供水使之发育起来。我们应当认识到，人生区分为两个部分——学习和娱乐，正如睡之于醒，和平之于战争，夏之于冬，工作日之于节日。因此，休息是劳累的调剂。② 一个人不应劳累过度，也不应休息过度。正如柏拉图所说，教育的敌人是劳累和睡眠。③

您现在懂得了体育训练的性质和指望治理国家的男孩应当进行的娱乐活动。现在让我们讨论饮食问题。适度和平衡的食物，正如哲罗姆对路斯提克斯所说，有益于身心两方面的健康。④ 所以应制订相应的计划，使您取得某种食物和某种分量的食物，不致使您的身体增加负担，也不致妨

---

① 约翰·新得尔巴赫(1418—1486)，人文主义者、教会人士，1465 年以后成为特伦特的主教，在据称特伦特的西蒙以人殉祭神事件以后，是最著名的迫害犹太人的人物。
② 普鲁塔克：《论儿童教育》。
③ 柏拉图：《理想国》。
④ 哲罗姆：《书信集》。

碍您的精神的自由。虽然应当拒绝不易消化的食物①,但
要注意,不要因为您习惯了精美食物,结果就拒绝普通食
物。您不会总是住在城市里。有时您会住在军营中、森林
中或荒凉的地方。在那里,您必须吃粗食。男孩必须受到
培养,客观情势需要时,他不怕吃牛肉、羊肉。此外,为未来
的战士提供足以强健身体而不是使身体娇生惯养的食物,
这是恰当的。而且,如果一个人总是吃鸫鸟、杏仁、糖果、小
鸟、家养的小山羊肉和松软易消化的菜,如果他生病了,什
么食物才能使他的病缓解并痊愈呢?

　　我现在不打算谈到您的很多臣民不爱听的事情。为什
么奥地利人、匈牙利人、波希米亚人爱听关于餐桌上的节约
的讨论呢? 在这些方面,还有什么比烹饪的奢侈和豪华用
餐的光荣吹嘘得更多呢? 从一个富人的家里,还有什么比
午餐中大量的食物受到更多称赞和赞同呢? "他真是奢
华,"他们说,"他真是令人难以置信,我曾高兴地为他服
务——他的厨房总是在冒烟,非常豪华,高物价难不倒他,
他在光彩夺目的环境中用餐,他享用从远方、从广阔的地方
搜寻来的稀有食物。他的酒窖塞得满满的,对一切人开
放。"于是,戏子、食客、流氓无赖都习惯于说,他们在一生中
唯一关心的就是他们的食管。② 他们模仿萨达纳帕路斯的
暴饮暴食。他们宁愿有鹤的长脖子,而不愿有大母猪的脖

---

① 哲罗姆:《致艾奥文尼亚》。
② 朱文那尔 11.11—15。

子。但是,我的优秀的年轻人,一个明智的人最应逃避的就是炫耀的生活和随波逐流。因为在任何一种情况下,他将得不到作为生活指南的真正的理智。①

无用的闲聊应受到谴责。阿谀奉承者应当避开。出自一个名声不好的人口里的赞美应予以拒绝。您的杰出的堂兄弗雷德里克皇帝,他现在掌握着君主的权力,表明自己既有节制,又明智,并不使自己饱享酒食。他早餐很节约,午餐更节约,他不在乎嗜酒者怎样说他。他从智者寻求名声,而不从醉鬼寻求名声。但是(否则我们就离题太远了),以各种肉食和美味使赴宴的人着迷的如此大量的菜肴究竟有什么意思呢?难道过分的放纵不会招致疾病吗?究竟有多少人,在他们充分享受了食道的快感之后,又不得不忍受呕吐的痛苦,使他们无耻地吸入的东西又无耻地排出呢?②再者,一旦您的仆人知道您没有很多赴宴会的人,他们就会让这件事广为人知。我不会固定一个调子③,让指导您的人去考虑健康、美德、国王的尊严以及时间和地点。尤利乌斯·恺撒立下遗嘱,除了正式的宴会,宫廷的进食有三道菜就已足够。奥古斯都·恺撒处于权力顶峰时,只吃一般的面包和一点点普通的鱼。④ 有人会问,尼禄怎样呢? 卡利

---

① 西萨里亚的巴西尔:《论青春》。
② 哲罗姆:《致艾奥文尼亚》。
③ 苏厄多尼:《奥古斯都传》74,该论点涉及奥古斯都;又萨力斯布里的约翰:《波利克拉提克斯》8.7。
④ 苏厄多尼:《奥古斯都传》76;萨力斯布里的约翰:《波利克拉提克斯》8.7。

古拉怎样呢？维特利怎样呢？他们不是过度地赴宴吗？[①]
当然是。模仿最好的，不模仿最坏的，模仿有声望的，不模
仿不受赞扬的，这才是合乎正道的。

此外，可能有人会补充说，酒菜的调剂在意大利是一种
方式，在那里以热食充饥；而在德国，是另一种方式，在那
里，冷食引起食欲。我不否认这一点，我不禁止一个饥肠辘
辘的人进食大量食物，但是我们的确要禁止他食用各种贵
重的食品。我们希望您在进餐时要记起 Convivere（同桌进
餐）这个词。我们的祖先不会像希腊人那样说 Compota-
tiones（"共饮"）和 Commessationes（"共食"），似乎他们是
为了吃喝才聚集到一起，我们是说 Convivia，好像是为了生
活在一起。[②] 苏格拉底说，很多人要生活，是为了吃和喝，
但是，他要吃和喝是为了生活。[③] 谁如果对自己作一定程
度的限制，他就肯定不会享用昂贵的午餐。天性满足于少
量的事和小的数量。当著名的杰出之士亚里士多德常常讨
论味觉和触觉的快乐即食物和爱情的快乐时，他说，从这两
种感官产生的快乐是人和野兽仅有的共同的快乐，所以任
何致力于这两种快乐的人应与牲口和野兽区别开来。"从
另外三种感官产生的快乐是唯有人才有的快乐"。[④] 像尤
斯塔西在马克罗比的《农神节》中所宣称的："任何有人的

① 萨力斯布里的约翰：《波利克拉提克斯》8.7；苏厄多尼：Calig. 58。
② "生活在一起"，参考西塞罗：《论老年》。
③ 奥路斯·革利：《阿提喀之夜》19.2.7。
④ 同上。

礼仪的人有谁会以驴子和母猪所共有的食、色这两种快乐
为乐事呢?"[1]但是,关于情爱的快乐,必须告诫青年甚至告
诫男孩子。同时,当我们指责过于花费的餐饮时,我们想起
了老加图,当他痛斥罗马人中的挥霍和花钱无度时,说:
"呸!同没有耳朵的胃对话是多么困难!"[2]

　　但是,由于味觉的快乐使很多人成为饮料和食物的俘
虏,您必须当心,既不要成为酒鬼,又不要成为酒痴。要避
开一切醉人的饮料。[3] 饮料要适度,能解您的渴,但不要让
它把您的头脑弄糊涂。[4] 没有什么事情比一个孩子渴望饮
酒更可耻。"酒的用处,"瓦勒里·马克西姆说,"以前不为
罗马妇女所知。"[5]关于男子怎样呢?难道我们可以允许孩
子的头脑变得堕落或把正在成长中的才智引入纯酒中去
吗?虽然日耳曼人把在酒里掺水的习惯看做是不敬神的行
为,但我绝不会同意将烈性酒放在孩子的餐桌上,除非用水
将它冲淡。有人曾告诉我,某一位波希米亚的贵族总是让
他的孩子们从婴儿时代起,甚至从摇篮起就经常习惯于马
姆赛的生啤酒或莱茵葡萄酒。他会说,"一旦他们长大成
人,开始大量饮酒时,就没有任何烈酒能使他们醉倒"。也
许小居鲁士是受到这种培养的。有一次,当他要求斯巴达

---

① 马克罗比:《讽刺诗集》。
② 普鲁塔克:《老加图传》。
③ 哲罗姆:《书信集》52,对《圣经·旧约·利未记》第10章第9节的解释。
④ 哲罗姆:《致艾奥文尼亚》。
⑤ 萨力斯布里的约翰:《波利克拉提克斯》8.7;瓦勒里·马克西姆6.3.9。

人与他结盟时,他说,他的心比他哥哥的心更坚强,因为他喝得更多,更能支持住。① 这是一个徒劳的愚蠢的预防措施:经常喝醉以便永远不喝醉。用这种办法抚养大的人,当他大量饮酒时,不会失去知觉,但是他们所有的知觉是一个永远喝醉了的蠢人的知觉。在这种情形下,没有记忆力,没有活跃的智力,没有对优良文学的嗜好,没有对光荣和荣誉的热情。

为了避免与这类野兽争论——我们认为,把他们算做是人,就是一种罪过——让我们回到柏拉图,听听这位高尚的人关于饮酒的观点。他的明智的信念是,酒不可以任性地喝醉,而是"用恰当的适度的饮酒解闷,使头脑清醒,得以恢复精力,以便重新开始严肃的任务"。并不是要完全避免饮酒。"一个人的生活方式如果没有在错误的冒险和快乐的诱惑中经受过考验",任何人都不能表现出"真正的自制和对节制有充分的信心。因为当一切放纵和宴饮的引诱事先都不知道,一个人对它们没有经验时,如果偶尔的意志在推动他,意外的事引导他,或客观的必要性迫使他去体验这类快乐的话",他必定会"立即被它们俘虏、迷住,他的头脑和精神无力抗拒"。② 所以,一个男孩必须防止酒的恶劣影响。不是像埃及人那样避免饮酒,也不是像波希米亚人那样酗酒,而是依靠力量和心中不断的决心,以便通过适度使

① 普鲁塔克:《论道德》173E。
② 奥路斯·革利:《阿提喀之夜》19.2.7。又参考柏拉图:Leg.,BksⅠ—Ⅱ。

他成为节制的自制的人。我们饮酒,不是为了迷恋于它,而是"舒缓和恢复我们的头脑,冲刷掉索然无味的严肃性和可笑的害羞的态度"。① 如果我们饮酒适度,酒量控制在可以允许的限度内,我们就能达此目的。因此,但愿在您面前举行的宴会上,食物和饮料都是节俭的,而且受到特别规定的限制;但愿他们饮食有度而不放纵,既不妨碍头脑的功能,也不妨碍身体的功能。他也不要过于严肃或愁眉苦脸,有时也可以说个笑话。我并不称赞克拉苏。西塞罗说,"他一生只笑过一次"。② 因为救世主的微笑中履行的不过是人的功能。宴会上要严肃,但也不要排斥高高兴兴的气氛。要有快乐,但又不要让它导致放纵。③ 要有音乐娱乐,但又不要伴随有无耻的行为。

因为我们还是在讨论爱护身体,应当回忆一下柏拉图那句简短的名言:身体的满足以对哲学有益为度。假定我们对公共福利的关注也理解为包括在哲学研究之内,我们认为这句格言是精明的。对身体高度关注而忽视应当以身体为之服务的灵魂的人,无异于一个人费九牛二虎之力获得一架十分完美的风琴,但对(风琴演奏)却完全无知,而他正是为了演奏风琴才获得这种乐器的。我们应保持相反的态度。我们应当遏制身体,把它看做好像是野兽,抑制住它的强烈的欲求,用理智的缰绳勒住它对灵魂的不计后果的

---

① 奥路斯·革利:《阿提喀之夜》19.2.7。
② 西塞罗:Fin. 5.30.92。
③ 萨力斯布里的约翰:《波利克拉提克斯》8.7。

反抗。当毕达哥拉斯知道他的一个朋友醉心于挑拣食物以便使身体发胖时，他说："他是在牢固地为自己建造更不幸的监狱。"①当绰号"大庞培"的格乃尤斯·庞培为自己身体不好而痛苦时，他的医生安排他吃鸫鸟。他的佣人为他寻求鸫鸟而找不到，因为季节不当令。当一个朋友说，在一年到头都喂养鸫鸟的路苦路斯的庄园里可以找到很多鸫鸟时，庞培不顾自己的疾病，回答说："假如路苦路斯不喜爱他的美食，庞培就不能活命了吗？"他把精心准备的食品弃置一旁，食用普通的容易得到的食品。②

对食物的唯一关心应当是这样：使身体能得到使它忍耐劳苦所必需的营养。所以，一个人必须以食物为营养而不是以快乐供给食欲。凡是为午餐和炊事而情绪激动的人，凡是为了宴会而走遍千山万水去搜寻美食的人，都是被可悲的奴性的沉重负担所压而给最严厉的主人献殷勤。他们的痛苦一点不亚于地狱的惩罚。正如巴西尔所说，把火切碎，用筛子打水，拼命把水灌进穿了孔的坛子里。③

也许您会问，关于衣着和其他身体上的装饰，我有什么看法。我现在说一说该怎样做。正如戴奥真尼所说，超过必要地过分关心自己的头发和衣着，是人们不是不幸就是堕落的标志。同样，过分醉心于身体的装饰是一个轻浮的爱虚荣的人的标志，否则就是一个图谋得到善良妻子和少

---

① 西萨里亚的巴西尔：《论青春》。
② 普鲁塔克：《论道德》173E。
③ 西萨里亚的巴西尔：《论青春》。

女贞操的人的标志。您必须注意,不要追求不必要的外观,也不要允许身体有超过灵魂的健康的东西。[①] 由于过于注意自己的身体而显得虚弱、女子气的国王是可耻的。但是在身体的一切修饰上,必须保持清洁卫生——不是令人讨厌的或浮华的那种讲究卫生,而是避免粗俗的、野蛮的不修边幅。我们认为,狄摩西尼斯和荷尔滕西在衣着和修饰上过分雅致、讲究和浮华,这正是他们受到指责的问题。但是对于一个皇家血统的孩子或成人必须注意到尊严,使他既能避免铺张的名声,又不致受到贪婪的不光彩的指控。对于一个统治者,再也没有贪婪的指责更令人讨厌的了。

在简短地陈述完了我们关于身体的爱护以后,我们现在要迅速转到头脑的教育。关于这个问题,我们希望您相信,世人所拥有的东西,没有什么比才智更宝贵。我们努力追求的人生的其他动产都是实实在在微不足道的,没有价值的。高贵的身份是美好的,但它不是一个人自己所有的好处;财富是宝贵的,但它们归命运所有;荣誉是富有吸引力的,但不能持久;美貌是合适的,但它是短暂的、转瞬即逝的;健康是人之所欲,但它容易改变;力量是人所渴望的,但它在生病或年老时易于变得软弱无力。

没有什么东西比智力和理智更优胜,这是任何命运的攻击夺不走的,是任何诽谤夺不走的。虽然一切其他财物都会随着时间消逝,知识和理智却与年俱进。战争掠走一

---

① 西萨里亚的巴西尔:《论青春》。

切财物,驱使一切人面对战争,唯有学问不能被抢走。有一
次,当狄美特里把战败的麦加拉城夷为平地后,他问麦加拉
哲学家司梯尔波,他是否丧失了原来属于他所有的东西。
司梯尔波回答说:"一点也没有,战争不能从美德中掠夺任
何东西。"当高尔吉亚问苏格拉底,他是否认为波斯国王幸
福时,苏格拉底回答道:"我不知道他有多少美德和知识。"
意思是说,幸福能持久,是因为美德和知识,而不是由于财
货。① 拉迪斯拉斯国王陛下,牢牢记住这句格言,您就注定
要成为最富有的人。虽然辽阔的国土在等待着您,如果您
不赋有美德,您的智力上的财富不能超过命运的财富,您仍
然不能称为幸福的人。因为国王和世上的财富的所有者并
不比任何其他人拥有更多的所有权,而是像掷骰子的游戏
一样,它们一会儿输掉了,一会儿又在这里或那里回来。对
美德牢固的拥有,是无论对活着的人还是死人都是唯一不
可改变的。关于财富,梭伦说得对,"但是我们不应当用美
德交换财富"。② 所以,当财富向您滚滚而来时,要当心不
要缺少美德,因为没有美德,任何人既不配拥有国王的称
号,也不配拥有人的称号。正如在气候宜人时就储备冬天
的必需品是有益的,同样,在儿童时代就要采纳良好的道德
作为有良好道德的老年时代的最好预备。③ 谁知道人生多

---

① 普鲁塔克:《论儿童教育》,8;柏拉图:《高尔吉亚》;西塞罗:《图斯库兰讨论
　集》5.12.35。
② 西萨里亚的巴西尔:《论青春》,普鲁塔克:《论道德》173E。
③ 普鲁塔克:《论儿童教育》,7。

变的命运呢？在月亮之下没有固定不变的东西。人们一会儿富裕，一会儿贫穷；一会儿统治别人，一会儿服侍别人；一会儿享受健康，一会儿生病。在早上谁也不知道晚上要发生什么事。① 谁也没有如此多的保护神能允诺明天的事。由于这个理由，据西塞罗说，在欧里庇底斯的剧本中，提修士惯于说：

> 由于牢记从一位学者听到的箴言
>
> 我常常沉思我未来的灾难
>
> 我总是在打算不是痛苦地死去，就是可悲地被放逐而逃亡
>
> 或某种其他的灾祸
>
> 如果有任何可怕的时机带来祸患
>
> 没有任何突然的烦恼使我毫无准备地遭受磨难。②

但是，没有什么东西能比哲学提供对付冷峻命运的更安全的避难所。所以，当小戴奥尼修被迫放弃权力并被迫逃亡时，有人问他，柏拉图和哲学对他有什么益处，他答道："那就是我能以宁静的、平和的精神承受这种命运的改变。"③所以，不论环境对我们顺利还是不顺利，我们都应当

---

① 这是一句古老的谚语。见狄奥格尼斯 159—160；维吉尔：Georg. 1.461；马克罗比：《讽刺诗集》2.8.2；奥路斯·革利：《阿提喀之夜》13.11；亦见于瓦罗已佚的美尼平安讽刺诗的标题之一。

② 西塞罗：《图斯库兰讨论集》3.14.29。

③ 普鲁塔克：《论道德》176D。

求助于哲学,这就是学习美德,它是国王应当特别爱好的。

作为活的法律(如亚里士多德所说)的国王有很多义务。① 政府的负担是沉重的,因为不仅必须努力捍卫自己的安全,也要捍卫它的人民的安全,以便按照正义引导信托给它的人民群众走上安全和平的道路。书上说,"一个不智的国王使他的人民溃散,一个明智的国王使他的城市富裕"。② 维吉尔也正确地说:"任何人都不应比王子拥有更好更多的知识。他的深谋远虑有益于他的全体臣民。"③因此,所罗门感到重大的责任对他自己的沉重负担。有一次向主祈求得到他所想要的东西时,他说:"求你赐我智慧,可以判断你的民,能辨别是非。"④此外,当马其顿的腓力浦对他的儿子亚历山大提出忠告时,他指示他倾听亚里士多德的教诲,致力于学习哲学,并补充说:"不要再做我悔恨做过的事。"⑤

我想,您已经信服了,一个注定要治国的孩子必须学习哲学。但,作为一切学问之母的哲学——柏拉图认为它是神的赠品,西塞罗认为它是神的发明——如果没有文学学习,它就不易理解。哲学会首先教育您敬神,然后教育您以人类联合为基础的人间的正义。然后教您谦虚和灵魂的伟

---

① 亚里士多德:《政治学》1287a—b。
② 《圣经·次经·便西拉智训》第 10 章第 3 节。
③ 维革西:Mil. 1. 前言。
④ 《圣经·旧约·列王记上》第 3 章第 9 节。
⑤ 普鲁塔克:《论道德》178F。

大。它将从您的灵魂中清除黑暗,犹如从您的眼中清除黑暗,以便您能够看见上、下、开头、中间和结尾的一切事物。① 如果从哲学中能摘到如此奇妙的果实,谁不愿意费力于文学呢? 如果它能把握善与恶的知识呢? 如果它能告知我们的过去、把握现在、预见将来呢? 各种年龄的人不识字就只有黑暗一片,一个没有文化的王子必然要依赖别人的指导。因为王室宫廷中充满了献媚者,谁会对统治者说真话呢? 如果一个国王能受到自由人教育,使他能从哲学家的著作中为自己储备真理,这难道不是很恰当的吗? 事实上,法勒茹姆的狄美特里建议托勒密国王努力得到论及国王和帝国的书籍,认真阅读,因为他的朋友不敢对他提出忠告的事情,国王会发现书中都写到了。②

所以,必须以最大的注意和热情致力于文学。但是,有人曾问,孩子应当从何时开始学习? 赫西俄德认为不早于7岁,因为那似乎是能受教育和劳累的最早年龄。伊拉托森尼也持这种观点。但是阿里斯多芬尼斯和克里希普认为,人的一生中没有哪段时间不能学习。昆体良也同意他们的观点。③ 训练应当从摇篮开始,即使是保姆也应对您作出自己的一份贡献。克里希普要求保姆,如果可能,要有健全的判断,以便不致从她们受到不好的感染,因为坏习惯更顽固地伴随着您,而好习惯变坏则很容易。母亲耐心的、

---

① 西塞罗:《图斯库兰讨论集》1.26.64。
② 普鲁塔克:《论道德》189D。
③ 昆体良:《雄辩术原理》1.1.15—16。

优雅的言语往往是对儿子有益的。很多人写到了格拉古兄
弟的母亲康纳利亚,她的雄辩的芬芳可能感染了她的两个
儿子。① 母亲或任何其他抚养孩子的人是优美的还是粗俗
的,精明的还是愚蠢的,这是有重大差别的。但是,您现在
已摆脱了保姆的约束;您已失去母亲,在您能知道她以前,
她就是光彩夺目的,有非凡的口才。但是,让我们把虽已
改变但仍使人伤心的往事搁置一边。让我们转到您现在的
生活。

我们相信,您已受到了适合做一个基督徒的教育。你
知道主祷文*,万福玛丽亚,《约翰福音》,《信经》,几段祷告
词,犯了不可饶恕的大罪人士的名录,圣灵的礼物,十诫,仁
慈的善事,最后,拯救灵魂、引导灵魂进入天国之路。我们
不怀疑,您深信此生之后,有另一次善人快乐、甜美,恶人痛
苦、充满麻烦的另一种生命。不仅是《圣经》,而且异教文献
也指出了这一点。据西塞罗说,苏格拉底认为,灵魂离开身
体有两条路,两种行程。对于那些被人类的恶行和可耻的
行为所玷污而完全屈从自己的色欲的人,或犯了反对全体
国民的残暴罪行的人,最后走上了一条被切断了通向诸神

① 昆体良:《雄辩术原理》1.1.15—16。
* 主祷文,即《圣经·新约·马太福音》第6章第10—13节的经文。"万福玛
丽亚"是追念圣母玛丽亚的祷词。《约翰福音》是《圣经·新约》的第四篇,
信经有数种。《使徒信经》相传为耶稣的12门徒所订,其开头为:"我相信
全能的圣父……"。公元325年,罗马帝国皇帝君士坦丁在尼西亚召开并
主持基督教主教公会议,会议所制定的信条称为《尼西亚信经》,较《使徒信
经》更详细。此外,还有公元389年的《君士坦丁堡信经》。十诫,见《圣
经·旧约·出埃及记》第20章第3—17节。——中译者注

聚会之所的道路。但是对于能保持纯正、贞洁,在他们的肉身上就能模仿诸神生活的人,有一条敞开的、通畅的回路回到他们所来的地方去。[①] 对于我们曾向他们布讲福音、他们似乎不仅相信而且知道被如此多奇迹证实了的救主的化身的人们,我们要说什么呢?事实上,如果我们明智,我们就会断言,人的此生完全没有价值。我们能确定,凡是对来生无用的东西,就不能认为是好东西。所以,此生中没有什么东西是了不起的,不是地位,也不是世系,也不是体力,也不是美貌,也不是伟大,也不是人类的一切荣誉,甚至也不是帝国本身。但是我们的希望必须超出这些事情,所做的每一件事都必须着眼于为来生作准备。但是,要指出这种来生是什么,或来生是怎样生活的,这是比我们现在所从事的工作更伟大的任务。此外,为了理解这件事,需要一个比您年龄更大的学生。但是,只需下面一种说法就足够了:如果有人把创造人类以来的全部幸福都集中起来成为一个整体,事实上,他会发现,这种幸福只等于那些(永生的)幸福的一小部分,他会发现,一切人世的幸福集中起来都离来生(永生的)最小的幸福相去很远,比影子与幻想离现实的距离更远得多。《圣经》就通过隐含的意义教训我们,直接引导人们到这种生活。因为您年纪还小,您还不能洞见这种丰富的隐含的意义。然而,对您来说,受到博学之士的其他著作的训练也不是无益的。因为巴西尔说:"我们还必

---

① 西塞罗:《图斯库兰讨论集》1.30.72;又参考柏拉图:《申辩篇》。

须专心致志于诗人、雄辩家和其他作家的著作,以及我们能在智力训练上获益的所有其他作家的著作。"①

但是,由于一切书籍都反复地说,对上帝的崇拜必须高于一切,所以您必须首先献身于上帝,把自己信托给上帝。他是您的创造者、您的父亲和您的主;您的一切都归功于他。虽然所有人都应感上帝之恩,您有责任最大限度地感恩,为他服务。只是由于他的恩惠,您才生而成为国王。您可能生来就是一个平民或一个农人,但是上帝的不可思议的判断把您送上了高贵的王座。您不应该洋洋自得,也不应目空一切或趾高气扬,因为给了您的东西也可能给予别人。您的出身愈高贵,您就愈应举止谦卑,服从宗教,参加每日祷告。所有其他人无疑都要服侍他,对他表示热切的崇敬。《圣经》上说:"你们要先求他的国和他的义,这东西都要加给你们了。"②虽然罗马人是异教徒,他们认为,对于宗教来说,一切事情都必须是第二位的,即使在那些要彰显君权的荣耀的典礼中,皇权当局也毫不迟疑地使自己屈从于宗教典礼,因为他们相信,如果他们忠实地为神权服务③,他们就能管理人间的事务。认识真正的上帝的我们,必须做什么呢?

即使您享有伟大王子的名号,您是否就认为宗教要臣服于您?您不是主人,而是教会的儿子,在属于上帝的事情

---

① 西萨里亚的巴西尔:《论青春》2.1—7。
② 《圣经·新约·马太福音》第 6 章第 33 节。
③ 瓦勒里·马克西姆,1.1.9。

上，臣服于牧师的权威的正是您。虽然狄奥多西皇帝*很有权威并管理着罗马帝国，他仍然在米兰教会的主教安布罗斯的面前鞠躬，谦卑地履行加之于他的赎罪苦行。君士坦丁皇帝总是对牧师表现出最高的敬意；在尼西亚会议上，他不愿对主教们作出裁判。他说，不应当由人来评判神。①毫不奇怪，继承圣彼得的使徒职位的克利门在他的一封信中说，一切地上的统治者和所有的人都应服从牧师并向牧师鞠躬，但牧师只应由上帝作出评判。因为他们是神的而不是别人的。那么谁能评判别人的仆人呢？如果人不允许这样做，万神之神、万王之王无论如何也不会允许。照那位神圣的主教②的说法，永生的掌管者圣彼得是如此布讲的。所以，您要尊重上帝的仆人牧师，不允许他们受到压迫、负担，或任何不公正的折磨。您不要说牧师是愚蠢的、无价值的或不道德的，这不是您的职责。他有他的评判人。不管他犯什么罪，都不会不受惩罚。您要尊重他们的尊严和他们的圣事，您不要听信试图献媚劝您不这样做的乖戾的邪恶的青年。

----

* 指罗马皇帝狄奥多西一世（346？—395），于379—395年任皇帝。公元392年，狄奥多西颁布敕令，禁止罗马帝国原有的一切宗教，从此确立了基督教在罗马帝国的特权（国教）地位。在公元325年罗马皇帝君士坦丁（280？—337，在位时间306—337）召集并主持的尼西亚主教公会议上，各派对教义有争议，最后由当时还不是基督徒的君士坦丁大帝裁定《尼西亚信经》的定稿。公元337年，君士坦丁在临死前受洗正式成为基督徒，是罗马皇帝中的第一个基督徒。——中译者注
① 萨力斯布里的约翰：《波利克拉提克斯》4.3(PL CIC,516B-C)。
② 亚历山大里亚的克利门：《书信集》ad Corin. 57.1。

在这一点上,我们必须弄清楚,您要与哪一类青年交往,用什么样的孩子为您服务才是正确的,明智的,因为从他们身上有害的事和有益的事都会自然增长。由于这个缘故,要让那些帮助您的人受到良好道德的教育;不要让他们有恶行;要他们不要使用污秽的语言,因为我们全都倾向于模仿可耻的腐败的方式。正如一句古老的格言所说,如果你住在跛子附近,总有一天你也会成为跛子。①

少年时代养成的习惯是牢固的。

维吉尔如此说。② 但是,您的导师要当心,不要让献媚的青年与您交往③,因为他们是害群之马,他们听到别人赞美,就跟着赞美;听到别人诅咒,就跟着诅咒。如果某人否认,他们也就否认;他们一听到别人肯定,也就跟着肯定。犹如章鱼,随着它下面的土壤的外貌而改变自己的颜色。因此,他们根据自己的听众的喜好而改变自己的观点。如果他们认为能取悦于听他说话的人,他们随时都可以为反对正义、反对上帝提供证据。④ 愿将此类瘟疫从您的住处赶走! 但是要让可靠的孩子与您为伴,正直的、高雅的、节制和神圣的爱好者,既不要伪君子,不要骗子,也不要顽固分子。既不要醉汉,不要酒鬼,也不要非正义之徒。

---

① 普鲁塔克:《论儿童教育》,6。
② 维吉尔:Georg. 2.272。
③ 普鲁塔克:《论儿童教育》,17。
④ 西萨里亚的巴西尔:《论青春》9.26—27。

但愿其中有些人懂得匈牙利语,有些人懂得波希米亚语,有些人懂您的民族语言。但所有的人都要懂拉丁语,要他们相互说拉丁语。这样一来,您就会不费力地学会所有这些语言,好像在游戏一样,您就能够直接向您的臣民发表演说。没有什么比优美的演说更能赢得人民对王子的好感。当人民抱怨某些事情或要求某些事情时,治理者不能听懂他们的话,在某种意义上说是不配做国王的。懂得各种语言,对于深受爱戴的国王、您的祖父之有益,亦犹缺乏这种知识对您父亲的有害。谁不称赞旁图斯的国王米斯里德提斯,他不用翻译,同他所治理的二十二个民族谈话。[①]我不希望您对奥地利人比对波希米亚人和匈牙利人更亲密,应当以平等的热情治理所有的民族。正如柏拉图所说,谁如果只关心全体国民中的一部分人以致忽视其余的人,他的确是行事不公正。[②] 这是王子遭到大麻烦的通常的原因。这也是为什么意大利最杰出的一个省退出帝国的最重要的理由,因为条顿族的国王仅满足于他的故土,过分看重他的近亲,忽视了对意大利的管理。爱护王国的安全保障,犹如爱护剑,去爱您所不爱的人是不可能的。语言的交流是爱的媒介。所以,在您的年龄允许时,您必须努力亲自倾听您的臣民,理解他们,和他们谈话。当您的臣民希望与您单独谈话而不愿经过翻译人员时,往往问题就出现了。此

① 奥路斯·革利:《阿提喀之夜》17.17.2。
② 西塞罗:《论责任》1.25.85;柏拉图:《理想国》420B。

外,一个总是通过别人说话的王子,只配享有被治者的称号,而不配享有治人者的称号。如荷马所说,沉默给女人带来荣誉,但不给男人带来荣誉。[①]

而且,因为说话来自练习,我们认为必须说一说,谈话的能力必须在孩提时期养成习惯,使他在成年以后,不仅能说话,而且说得优美、明智,这是人们认为一个国王必须具有的才艺。在演说的技艺上超群的人本身就得到最大的称赞,这就是使不谙战争的乌利色斯制伏好战的阿加克斯的唯一技能。因为在阿基里斯被杀以后,夺去阿加克斯的武器的不是强壮的手臂,而是辞藻华丽的口舌。所以,有些人对西塞罗的名言所作的批评是十分错误的。其名言说,"让武器服从长袍,让胜利服从于口舌"。[②] 因为他还说过:"因为人区别于野兽是因为人会说话,那么,一个人用人超越野兽的技能去胜过别人,应受到何种称赞呢?"[③]但是,虽然我们赞美受过培养的口舌的说话能力而不赞美沉默的王子的习惯,我们仍然不劝告一个孩子说话不经过事前仔细的思考,因为不加思考的草率的言行是不受欢迎的。成年人(更不必说孩子)未经事先思考的谈话充满了肤浅和粗枝大叶,而认真思考做好了准备的谈话则可防止离题。但是,如果著名的演说家伯里克利和狄摩西尼斯常常拒绝对人民发表演说是因为他们说他们没有准备,那么,为什么还要说到孩

---

① 荷马:《奥德赛》1,356—359。
② 西塞罗:《论责任》1.22.77。
③ 西塞罗:《论开题》1.4—5。

子呢？诚然,如果任何人允许孩子们发表即席谈话,他就是为极端的饶舌打下了基础。我不愿还是一个孩子的您有很多发表讲话的自由,合时宜的沉默是伟大智慧的标志。常有的情况是,因发表了一次著名的演说而感到遗憾的人要多于因保持沉默而感到遗憾的人。保持了沉默的东西还可以说出来,但一旦说出了的东西就无法收回。① 因为贺拉斯说:"一言既出,驷马难追。"②

因此,既然沉默和说话都有很多好处,我们该说什么呢？我们希望您保持中道而行③——既不总是保持沉默,也不总是在演说。我们既不要求有毕达哥拉斯式的持续五年之久的沉默,又不要求有提尔西提斯那样的过于多舌。④古人常说,口舌不应信口胡说,而是要像受到连接着人的内心深处和精神深处的链条的管理那样运动。⑤ 这样的结论是合理的;凡是演说者信口说出的肤浅的、空洞的、喋喋不休的演说都是出自他的口里,而非出自他的内心。相反,荷马说,乌利色斯以机敏的雄辩说出的话,不是出自他的嘴里,而是出自他的胸中。诚然,牙齿这道防护墙是用来限制出言不慎的,使轻率的说话不仅受到内心的监护的限制,而且受到被置于口中的哨兵的防范。⑥ 但是要注意,埃庇查

---

① 普鲁塔克:《论儿童教育》,6。
② 贺拉斯:《书信集》1.18.71。
③ 普鲁塔克:《论儿童教育》,6。
④ 奥路斯·革利:《阿提喀之夜》1.9.3—4,1.15.11。
⑤ 古人认为"胸膛"(breast)是精神的寓所。
⑥ 荷马:《伊利亚特》3.221。

姆斯的话不是针对您说的："一个虽不能说话,却也不能保持沉默的人。"①也不是赛路斯特所说的："一个滔滔不绝的人,而不是一个能言善辩的人。"②说话能力必须打好根基,然后,当情况需要时,就可以允许自由说话。过度的沉默夺走说话的能力,正如长期被链子锁住的人在获得自由后也不能走路,因为他们已习惯于锁链。所以,说话受长时间限制的人,如果意外地不得不说话时,他们会像是哑巴。③

　　但是,还要说一说对一个男孩来说,使您养成正确的说话能力,什么是恰当的。首先,要培养您的嗓音,不要让它改变成女性的尖声,也不要像老人的颤音,也不要吼声过大如母牛。每一个音都要发出来,让每一个字母都准确地发出清晰的音,不要让最后的音节被省略掉,不要让声音在喉咙里被听到。④ 舌头要灵敏,面部要放松,说话要有表情。您的老师会给您提供一些故意增加难度的词语和短句,它们是由以一种拗口的方式组合在一起的音节组成,所有的音节都硬挤在一起,互不协调,让您流畅地说出来,尽可能快速地发出它们的音。⑤ 即使是狄摩西尼斯,因为口舌不伶俐,他总是在嘴里放进鹅卵石,一个人单独背诵他的演讲词,然后,把鹅卵石取出,他就在元老院流利、优美地发表

---

① 奥路斯·革利:《阿提喀之夜》1.15.16。
② M.洛利·帕力卡努斯在赛路斯特的《历史》中所说的话。
③ 普鲁塔克:《论儿童教育》,6。
④ 昆体良:《雄辩术原理》。
⑤ 同上。

演说。①

　　一旦您按这些规则受到了教育,您就会在演说的优美和庄重方面超越您的同时代人。愿您在这方面和在每一种值得赞美的努力方面都争取以胜利者出现。挫败会使您痛苦,胜利会给您带来欢乐。虽然野心本身是坏事,它却常常是美德的原因。② 一个男孩如果用赞美才能唤醒,失败了就哭泣,得了荣耀就喜悦,他不能受到过多的表扬。③

　　但愿在您的任何谈话中都没有讹误,因为正如德谟克里特所说,言语是行动的影子。④ 又如使徒所说:"滥交是败坏善行"⑤*——哲罗姆注释说,这句格言出自梅南得尔。⑥ 因为令人愉快的谈话大都包含有某些隐含的有害的东西,如同毒药和蜂蜜掺和在一起被喝下。每一次听有害的谈话时,应当模仿乌利色斯,他把蜡块塞在耳朵里,以便听不见海妖塞壬的迷人的歌声。⑦ 但愿您心平气和地谈话,举止文雅地和碰见的人打招呼,和善地回答问题,因为

---

① 昆体良:《雄辩术原理》。
② 同上。
③ 同上。
④ 普鲁塔克:《论儿童教育》,6。
⑤ 《圣经·新约·哥林多前书》第15章第33节。
　* 这句的英文原文是"evil conversations corrupt good morals",可译为"邪恶的谈话败坏善德"。但 conversation 既有谈话的意义,又有社交、性交的意义,圣经将 evil conversations 译作"滥交",语义含糊,似与本文作者的理解不完全一致。——中译者注
⑥ 哲罗姆:《书信集》。
⑦ 西萨里亚的巴西尔:《论青春》4.2—3;荷马:《奥德赛》12.165—200(事实上是奥德修斯把蜡塞在他的同伴的耳朵里,但他自己却倾听海妖塞壬的歌声)。

谈话中严肃的态度使自己不受人欢迎。在争论中不要固执己见,让谨慎占上风,让理智起支配作用。一个富有吸引力的品格是不仅战胜,也要知道怎样失败。我们应当接受欧里庇底斯的观点,他确信,在两人之间的争论中,当一方勃然大怒时,更聪明的人是缄口不言的人。① 愿您的言辞中没有不公正,没有虚伪,因为说谎是所有人都应当怀着仇恨穷追猛打的奴性的恶习。② 一个说谎者的地位愈高,他的罪恶就愈加可憎。朱文那尔说:

> 犯罪的人名声越大
>
> 他的罪行就越是罪恶昭彰。③

此外,您的谈话不要过分谦卑和奴颜婢膝,然而也不要骄傲和傲慢。目中无人的谈话是失礼的,平淡无奇的谈话不能吸引人。正如身体不仅应当强健,而且要有良好的仪态,所以谈话不仅不要软弱无力,而且要有活力。④ 这些事情是您现在还不理解的,到时候您就会明白。文法会指引这种天然提供的谈话材料,辩证法使它锋利有力,雄辩术给它润色,哲学使它调味,趋于完美。在适当的地方将讨论这些学科。

但是,因为谈话的能力——同时指词语和思想——没

---

① 普鲁塔克:《论儿童教育》,6。
② 同上。
③ 朱文那尔 8.140—141。
④ 普鲁塔克:《论儿童教育》,9。

有记忆力就不能存在，所以，一个孩子要锻炼记忆力。良好的记忆力是儿童时代的智慧的信号，这种记忆力有三重功能：使理解不费力，忠实地保存，以及易于模仿。[①] 每天都必须记住一些事情，不论是诗还是出自名家的重要格言。[②] 记忆被称为知识和学问的储藏家。在寓言中，它被称为缪斯的母亲，因为它能生产，能养育。不管您天生的记忆力是好是坏，您应当在两方面加强记忆力。无论是强化您已经充裕地拥有的东西，或是补充您所缺少的东西，都要遵循赫西俄德的诗句，他写道：

> 一点加一点，永远不间断，
> 积少可成多，积土可成山。[③]

但是，因为文法被认为是每一门学科的大门，它的内涵比它的外部表现更丰富，如果不在童年时代和青年时代学习，就非常困难。我们想简短地对您提出忠告，不要看轻这门学科，以致把它看做是对王朝的高贵没有价值的。除了多余的东西以外，文法中没有有害的东西。我们知道，一些最伟大的人物都是它的忠实的学生。雄辩家、执政官、祖国的护卫者马库斯·塔利·西塞罗在写给儿子的信中表明了这种观点，伟大的将军尤利乌斯·恺撒如此专心致志于这

---

① 昆体良：《雄辩术原理》。
② 同上。
③ 普鲁诺克：《论儿童教育》，13；赫西俄德：《工作与时日》360—361。

一学科,撰写了一本没有毛病的《论类推法》的书。① 奥克塔维安·奥古斯都在他写给上述恺撒的信中表明他对文法是多么熟练。因为,昆体良证实,Calidum 这个字比 Caldum 更正确,并不是因为它不是拉丁字母,而是因为它是不为人所喜的。② 所以,不要耻于学习世上最伟大的王子以高度热情去努力获取的东西。我们在上面说过,学问对国王是必需的,但是,如果您对我不怎么相信,让皇室的预言者忠告您:"现在,你们君王应当省悟,你们世上的审判官该受管教。"③但是,如果您没有学习一切学问的起点和基础——文法,您怎能学习和接受教育呢? 就这方面而言,您已经努力学习这门学科,您已经心甘情愿地听取了您的老师的忠告,然而您还没有成为一个完善的文法学家,因为您还在学习的过程中。所以,我们决定为您写一点关于文法的东西,不是因为我们想要教给您文法,而是想简要指出造就真正文法家的源泉。我们希望,您的老师更会这样指导您,因为我们相信,这对您是十分有益的。

文法(Grammatica),如昆体良所说,译成拉丁文它的意思就是文学(literature),它有三个组成部分:正确说话的科学,对诗人和其他作家作品的讲解,以及作文。④ 让我在所有这几个方面都探讨一下,这对您听起来是有益的,对

---

① 昆体良:《雄辩术原理》。
② 同上。
③ 《圣经·旧约·诗篇》第 2 篇第 10 节。此处的皇室预言者指大卫王。
④ 昆体良:《雄辩术原理》。

我们来说，讨论这个问题也不是不愉快的。第一部分是正确说话的科学。所谓正确说话，在这里我们把它理解为用恰当地连接、连贯起来的词发表出来的话语。虽然，从其他方面看，它可能是有害的、无礼的、有欠公正的。所以，如果我们想说话合乎文法，正确无误，我们必须学习词语的运用。词语有些是本民族的，有些是外来的；有些是简单的，有些是复合的；有些是固有的，有些是隐喻的；有些是通用的，有些是新造的。① 正确说话的全部力量取决于这些区别，取决于词语的贴切的挑选和安排。

凡是意大利人所创造的一切词语都叫做"本民族的"，如 amor、lectio 和 scriptio。"外来语"是从邻近民族吸收过来的词语，如从高卢人吸收过来的 raeda，从西班牙人吸收过来的 gurdi（即大家都相信是笨蛋的人）和从日耳曼人吸收过来的 marchio，但是有无数的词语是来自希腊语，罗马语有很多是从希腊语来的。诚然，在希腊词语中，只要得体，必须加上拉丁语的词尾变化。因此，我们说 Plato 和 Palaemo，而不说 Platon 和 Palaemon，因为拉丁字的主格并不常常以-on 为词尾。② 然而有时也可看到希腊字的词尾变化，特别是在诗中，这不是不合理的。如维吉尔的诗：

仅仅让现在正来此谛听的 Palaemon③

① 昆体良：《雄辩术原理》。
② 同上。
③ 维吉尔：《牧歌》3.50。

········· ······

同一个 Alcimedon 给我们两只高脚酒杯

·········· ·····

他把 Orphea 放在他们中间①

和

我爱 Phyllida 胜过爱一切人②

和

他们将祭奠的酒倾倒在 aulai（大厅）中间。③

古人不允许希腊语的阳性名词在作主语时以-as 为词尾，所以在很多作品中可以看到 Aenea、Pelia、Euthia、Hermagora。④ 但是现在，如果您不说 Peleas、Aeneas、Eutheias 和 Hermagoras，就是一个错误，因为希腊字的词尾变化现在已进入拉丁用法。

"简单的"词是 amo、lego、probus、territus，以及诸如此类的词。"复合的"词是 adamo、perlego、improbus 和 perterritus。有时，复合词是由两个单词组成，如 perterritus 是由 per 和 territus 组成；有时是由三个单词组成，如 imperterritus 是由 in、per 和 territus 组成，compositus 和 incom-

---

① 维吉尔：《牧歌》3.50。
② 同上。
③ 维吉尔：《伊尼德》3.354。
④ 昆体良：《雄辩术原理》。

positus 也是如此。西塞罗认为，capresis 也是由三个单词复合而成，即是 cape、si 和 vis；有些人将 lupercalia 理解为由 Ludere、per 和 caprum 组成。有些词或者是由两个完整的拉丁单词复合而成，如 superfui 和 subterfui，虽然可能有人要问，它是否是由两个完整的单词复合而成；或者是由完整的单词与错讹的单词复合而成，如 malivolus；或者是由错讹的单词和完整的单词组成，如 noctivagus；或者是由两个错讹的单词复合而成，如 pedissequus；或者是由一个本族单词和一个外来单词复合而成，如 biclinium；或者相反，如 antiato；或者是由两个外来单词复合而成，如 epiraedia 和 antichristus。因为 epi 是一个希腊文前置词，raeda 是"高卢语的战车"，然而，无论是希腊语还是高卢语，都不说 epiraedium。罗马人是从两种外来语造成他们的词。

那些保存它们的原始意义的词如 flumen（源源不断流淌的水）和 torrens（洪水时上涨干旱季节消退的水）称为"固有的"（proper）词。认识和正确安排这些词需要花大工夫，使我们能用 aedem 表示上帝的神殿（temple of God），用 aedes 表示一位伟人的家园，而不是相反，或者使我们能用 labor 代替 dolor，或用 dolor 代替 labor。[①]

据说，词语有"转义的"（transferred，或隐喻的），即它本来有一种意义，但从上下文可以引申出另一种意义，如 gemma 本来的意义是指一种贵重的石头，但是在上下文中

---

① 昆体良：《雄辩术原理》。

它转换成另一种意义,可以指修剪了的藤蔓常常挤压出的微滴,或早春的嫩芽。一个词从它原来的意义转成另一种意义,或者失去它固有的意义,或者它的转义似乎比它固有的意义更恰当。迫使我们转换字的意义的,不是需要就是效用。在我们已经常常说的 gemma 这个词的情形下,是需要(迫使我们),因为农人没有任何名称可以用来指称发芽的嫩枝或从藤梗上挤压出的滴液。我们把一个人称为 durus 和 asper,也是由于需要,因为我们没有固有的词指称这些性情。效用可以区分为两类,因为我们用隐喻的意义,不是为使它比固有的字更加富有意义,就是为使它比固有的词更优美。当我们说一个人"勃然大怒"、"激情燃烧"或"已滑入歧途"时①,它的意义更丰满;如果说"一个发怒的人"、"一个激情的人"或"一个犯错误的人",它可能准确些,但意义不够丰满。一般说来,很多隐喻的词都是为了优雅才使用的,如"演说的明星"(light of speech),"名门望族"(distinction of descent),"集会的风暴"(the storm of assembly),和"雷鸣般的雄辩"(the thunder of eloquence)。② 适度地、合时宜地运用隐喻词语可以装点一个人的演说,但频繁、过度地使用则使得演说含糊不清、单调乏味。扩大使用隐喻会导致讽刺和暧昧不明。③ 要识别什么是过于扩大了的或粗俗的隐喻,需要有很强的判断力。对我来说,圣·奥

① 昆体良:《雄辩术原理》。
② 同上。
③ 同上。

古斯丁在论及神圣的英诺森的布道时所用的隐喻是得当的、令人愉快的隐喻,他说,"可以公正地称他们为殉教者之花,他们就像是在冷酷的异教徒中间曾经绽放过的教会的初绽的花蕾,迫害的风霜使它们凋谢了"。① 西塞罗认为,把国家说成是"被阿弗里坎之死阉割了"②这种说法是不恰当的。如果他听到一个人说,一只鹦鹉"杜撰"(Coins)新词,因为它试图模仿我们的声音,他会怎么想呢?

"通用的"词语就是由于大量的使用而被磨洗了的词语,使用这类词语更安全。正如西塞罗所说,起初粗糙的字在使用中变得软化了。在他的时代,urbane(urbanus)这个词不再是一种大胆的用法。在昆体良的时代,Piratical(Piratica,海盗的)这个词也不再是大胆的用法。现在,这些词都是惯用的词了。古人中谁会说 Scandalum 或 gehenna?但是福音书把这些词传给了我们。所以,贺拉斯的说法是可信的。

> 很多现已废弃不用的字将会重新获得新生
> 很多现在通用的字将灭亡
> 如果惯用希望如此的话——惯用和公意是语言的准则和规律。③

"新造的"词语是有些人自己创造的词语,如贺拉斯的

---

① 奥古斯丁:《布道词》220(PL XXXIX 2152)。
② 昆体良:《雄辩术原理》。
③ 同上。

诗中的 inimicat urbes①,"他使许多城市敌人化",意思是
"他使许多城市成了敌人"。此外,他似乎在另一个地方也
新造了一个词:"他延缓了(tardo)命运的快速的翅膀"②,
tardo 即是"推迟了"。塞尔维说,曾经有一个时期,祭司们
习惯于将一些家畜阉割,使它们不能交配③,阉割(emascu-
lare)这个词是从 ex 和 masculo 组成的。但并不是每个人
都可以创造新词。正如贺拉斯所说:

> 过去允许,将来也永远允许
>
> 创造出标志着时代印记的词
>
> 正如森林中的老树长出新枝
>
> 最早的树叶飘落了,词的古代用法死亡了
>
> 其他的词应时而新生、繁荣,变得生气勃勃。④

　　但是,这种创造新词的特权应当属于已经成名的演说
家和作家,如特仁斯,他第一次说 obsequium(忠诚的服
务),以及麦萨拉,他创造了 reatus(被告)这个词,还有奥古
斯都,他第一次发明了 munerarius(公开展览的主办者)这
个词。⑤ 能力平庸的人不应创造新词,而应当使用别人创
造的词。如果用词不适合于对象,不论是新词、旧词、本族
词或外来词、固有词或隐喻词,都不应得到荣誉和称赞。如

---

①　贺拉斯:《诗艺》P. 70—73。

②　贺拉斯:Carm. 4. 15. 20。

③　《伊尼德》中的塞尔维,6. 661。

④　贺拉斯:《诗艺》P. 70—73。

⑤　昆体良:《雄辩术原理》。

果有两种表达法可供选择,应优先选择声音好听的,易懂的。例如,您应当说 beatitudo,而不应说 beatitas。①

既然我们已经学习了词语的性质,我们需要掌握指小词、变化词、派生词。您不要感到吃惊,scabellum(小凳子)来自 scamnus(凳子),villa(乡村住所)来自 vinum(酒),pusillus(微小的)来自 parvus(小),bipenis(双刃斧)来自 pinna(羽毛),从主格 bos(母牛)变成宾格的 bovem,从 lavando(正在洗)变成 lotum 和 illotum(洗过了和没有洗过)。词的格、时态、数和语气有很大不同。这些变化已经由我们的文法学家详细地留传下来了。一个前置词和一个动词结合时常常改变元音字母,如 Cadit:excidit,Caedit:excidit,Calcat:exculcat,就是证明。② 曾经有些人相信,pepigi 这个词来自 paciscor(我同意),但这是完全不正确的,因为 paciscor 是从自身形成它的过去时态 pactus sum,而不是形成 pepigi。昆体良断定,后者(pepigi)来自 pago(同意某事)③,因为在《十二铜表法》中有 pagunt 这个字,而 cadunt 这个字与它近似。但后者(cadunt)是来自 cado,所以,pagunt 这个字也是来自 pago。cado 的过去时态是 cecidi,pago 的过去时态是 pepigi。④ 我们还必须补充词的性。您不应当把阴性名词说成阳性名词,也不应当把通性说成是中性。其

---

① 昆体良:《雄辩术原理》。
② 同上。
③ 同上。现在认为 pepigi 是 pango 的完成式,而不是 pago 的完成式。
④ 昆体良:《雄辩术原理》。

次——更重要的是——您应当学会动词与名词的一致。一个人应当知道怎样恰当地用代名词、不变词、副词和前置词,感叹词也不要忽略。最后,要尽最大努力不要因为在词语表达上出现不规范的用字和文理不通而蒙羞。①

　　不规范的用字事实上有多种来源:来源于民族,如在拉丁文中不用的非洲字、西班牙字和日耳曼字,与拉丁文混在一起用;来源于本性,因为当你以一种傲慢无礼的、恐吓的、刻毒的方式谈话时,你就像是在说不规范的字;来自词语的互换,如当你减少、增加或改变音节和字母,或改变它们的顺序时,例如,当廷加・普拉森提努把 pergula 说成percula 而被荷尔滕西说成犯了双重用字不规范的错误时。然而在诗人那里,用字不规范往往能得到谅解,甚至受到称赞。如维吉尔的诗:

　　　　nec spes libertatis erat, nec cura peculi②

在这里,他用 peculi 代替 peculii,在另一处,

　　　　Cingite fronte coma et pocula porgite dextris③

他用 porgite 代替 porrigite。而朱文那尔在增加一个音节时,这样说尼禄皇帝:

　　　　qualis tunc epulas ipsum gluttisse putemus

----

① 昆体良:《雄辩术原理》。
② 维吉尔:《牧歌》3.50。
③ 维吉尔:《伊尼德》8.274。

induperatorem①

因为格律不允许用 imperatorem 这个词。还有一些词,当单独使用时,是错误的。但如果与其他字结合在一起用,就是无可非议的。dua、tre 和 pondo 有点用字不规范的味道。但是,昆体良说,duapondo 和 trepondo 是正确的。把长音读成短音,或把短音读成长者,都是用字不规范。这种特权有时扩展到了诗人。② 如:

Italiam fato profugus Laviniaque venit③

其中,维吉尔使第一个音节成了长音,虽然人们普遍认为那是短音。

我们也以很多方式犯文理不通的错误。比如,当事物的"性"不清楚时。例如,当你说 hune arborem 时,arbor 是阴性。然而你可以说 corticem amaram 或 amarum,因为维吉尔在两种情况下都是权威。如果一个动词、分词或前置词的格用得不对,就是文理不通。如果当你叫一个人到你这里来时,你说:Venite(你来),或者,如果你叫几个人离开时,你说:abi(你离开),或者,如果你回答某个人的问话quem video(我看见了谁?)时用 ego 回答④,你就犯了文理不通的错误。如果你说你拥有 a magnum peculiolum(一大

---

① 朱文那尔 4.28—29。
② 昆体良:《雄辩术原理》。
③ 维吉尔:《伊尼德》8.274。
④ 昆体良:《雄辩术原理》。正确的回答应当是"Me quidem"。

笔小小的财产)或 a grandem equulum(一匹大的小马),你的用词是不正确的,但是你没有犯文理不通的错误。① an 和 aut 都是连接词;然而,如果你问 hic aut ille fuerit(这个人或那个人在这里吗?),你就犯了错误。② 如果你不说 ne feceris,而说 non feceris,你也同样错了,因为,虽然 ne 和 non 都是副词,但一个是否定性副词,另一个是禁止的副词。③ 更有甚者,在《圣经》中人们可以读到 non furtum feceris④(勿偷盗),在那里,偷盗受到禁止。但是,也像在诗人作品中一样,很多事情是以更大自由说出的,不那么准确。有些词只用单数,有些词只用复数,有些词只在很少数情况下才变格。格的变化包含有文理不通,因为你既不能说:nex mihi instat(死亡威胁着我),又不能说:mortes imminent(死亡威胁着),当然,如果说到的是几个人,后一种说法有时是允许的⑤,因为一个人只能死一次。我们也不应说:paterno mani sacra facio(我为父亲的精神作出牺牲),而应该说:paternis manibus。⑥ 然而,有些措辞从外表上看文理不通,但它们并不错误。如 tragedia Thyestes、ludi Floria 和 Megalensia stemmata,这些用法更经常地在诗人

---

① 昆体良:《雄辩术原理》。正确的回答应当是"Me quidem"。
② 正确的问话应当是"An hic aut ille fuerit?"。
③ 昆体良:《雄辩术原理》。
④ 《圣经·旧约·出埃及记》第20章第15节。
⑤ 意思是说,在优秀作家的作品中,nex 不能用于主格,mortes 也不能以复数形式与动词 immino 一起使用。
⑥ 因为 manes 不能用于单数。

的作品中被证明是正确的,但也是雄辩家所允许的。还有一些阴性名词作阳性名词用,如 Sulla、Catilina、Jugurtha、Messala、Galla、Dolabella 和 Agrippa,以及女性所用的中性名词①,如 Glycerium、Dorcium、Philorcium 和 Eustochium,这些用法都不错误。

　　如果有人想在所有这些情况下避免错误,他就必须知道合乎文法的谈话方式所承认的四条原则:理智(或逻辑)、古代、权威和习惯。让我们从理智说起。

　　按照文法学家的理解,理智来源于类推法和词源学。②然而在这些科学中,理智不如范例重要,因为二者都服从于习惯。所以,固执地追随词源学和类推法胜过追随习惯的人是愚蠢的。例如,如果有人愿意说 audaciter,而不说 audacter,愿意说 conire,而不说 coire,愿意说 frugalis,而不说 frugi,就是愚蠢的,即使是所有的演说家也都追随后者。

　　类推法(Analogy)从希腊文译成拉丁文称为“相称”(proportion),可以叫做来自相似性的论据。它的力量来自将某种可疑的东西和与之相似而没有怀疑的东西作比较,以便用确定的东西证明不确定的东西。例如,当有人问 funis 是阳性还是阴性时,这个字可以与 panis 作比较。如果我们拿不准是否应当说 hac domu 或 hac domo,anus 和 manus 提供了类推法。如果你想知道是否可以用一个短音

---

① 昆体良:《雄辩术原理》。
② 同上。

节或长音节使 ferveo、ferves 变成 fervere,与它们相类似的字有如 prandeo、spondeo 和 pendeo,它们形成 prandere、spondere 和 pendere,而中间的音节仍保留是长音。但是在运用类推法时,人们可能上大当。在卢西利的作品中可以发现:

> fervit aqua et fervet:fervit nunc,fervet ad annum.

> 水开了,它要开了:现在它开了,还要开一年。

好像(这个字是列举的)fervo,fervis,fervit。[①] 维吉尔在下列诗句中也使中间的音节成为短音节:

> fervere litora late[②]
> 海滨遥远而广阔地翻腾[③]

我们通常说 in domo fuimus(我们曾在家),而不说 in domu。Lupus 和 lepus 是相似的词,亦犹 panis 和 funis 是相似的词,然而 lepus 是通性,而 lupus 是阳性。虽然瓦罗也追随恩尼和法比·皮克特,说 lupus 是阴性。[④]

词源学追寻字、词的来源,需要很多学问。有些人将它称为 notatio,另一些人称之为 Veriloquium,但更周密地考

---

① 昆体良:《雄辩术原理》,这个词的正确变化是 ferveo,ferves,fervet。
② 维吉尔:《伊尼德》4. 409。现在版本这一句是"litora fervere late"。
③ 昆体良:《雄辩术原理》。
④ 同上。

察过这个字的确切含义的人称它为 Originatio。马库斯·
摄利举他自己作为例子：他想要证明他是节俭的（homo
frugi），理由不是因为他是有节制的（因为在那一点上他不
能掩饰真相），而是因为他对很多人有用，即是说 fructuo-
sus（有效用的），这是 frugalitas 这个词的本源。有些过于
专注于词源学的人，努力想把那些以不同的方式作了改变
的字母或音节都缩短或延长了的、增加了或减少了或互换
了的词语恢复它们固有的意义。这种情况是如此之多，致
使一些弱智的人有时陷入最可耻的愚蠢的境地，如像有些
人认为的，人之所以称为 homo，是因为他出生在地上（hu-
mus），似乎最早的人在给自己取个名字以前就先给土地取
了个名字。① 虽然，正如《创世记》所说，神给了干旱的土地
一个名字，他不是把它叫 humus，而是叫做 terra②，humus
这个字是后来才有的。有些蠢人认为 verba（字、词）是来自
aere verberate（徒劳），stella（星星）一字是来自 lumnis stilla
（堕落的光），caelibes（单身汉）像 Caelites（天国的居民），因
为他们摆脱了天国的负担。③ 又说，Vienna（维也纳）得到
这个名称，是来自 bienna（两年），因为它抵抗尤利乌斯·恺
撒的围攻达两年之久。然而在恺撒的时代，维也纳还没有
建立起来，而且在开始的时候它不是叫 Vienna（维也纳），
而是叫做 Flaviana（castra）。但是，谁不会得到原谅？因为

---

① 昆体良：《雄辩术原理》。
② 《圣经·旧约·创世记》第 1 章第 10 节。
③ 昆体良：《雄辩术原理》。

正如昆体良所证实，甚至伟大的瓦罗也犯错误。因为他认为，field（战场，agrum）的名称是因为"有东西被驱赶进去了"（aliquid agatur），"寒鸦"（graculi）的名称是来源于它们成群地（gregatim）飞。但是昆体良宣称，前者是来源于希腊字，后者是根据它们的叫声取名的。还有很多人相信，merula（乌鸫鸟）的得名是因为它"没有混杂他物地飞翔"（mera volans）。① 除非词源学能得到著名演说家的同意，或者展示出明显的由来，如 consul 是来自 consulendo（考虑）或 iudicando（判断），因为古人称判断为考虑（consulere），否则没有任何词源学是能够被接受的。所以，这种表达方式："他恳请你考虑……的利益"（rogat ut boni consulas），即是说，你要以某些事为满足。② 不要忽略上面所说，词源学是从属于习惯的，所以我们说 triquetra Sicilia，而不说 triquadra，说 meridies，而不说 medidies。③

有一位君主赋予古字以一种虔诚的吸引力。从古代恢复的字不仅有很多拥护者，而且它们对一个人的演说还增加令人喜悦的分量，因为它们是人们不熟悉的，而且还有古老的典据，它们产生类似于新奇的魅力。但是必须当心，对古字既不要用得太多，也不要用得太明显——因为装腔作势是最令人讨厌的——也不要去追寻远古的已被遗忘的

---

① 昆体良：《雄辩术原理》。
② 同上。
③ 同上。

字。^① 我们应当记住哲学家法伏里努,据奥路斯·革利的
《阿提卡之夜》记载,他对一个非常喜爱讲究用字、在日常的
谈话中生造很多人们很不熟悉的古代用词的一位年轻人谈
话时说:"库利、法布里西和柯伦卡尼这些古人和更加老得
多的荷拉先三兄弟和他们的同伴谈话时,都很清晰、易懂,
我们也没有发现他们使用任何据说是首先定居在意大利的
奥伦西人和希卡尼人的外来语的用字,他们都说他们那个
时代的语言。但是,你现在可能像是对伊凡得尔的母亲说
话那样地说;你可以用一些已经多年废弃不用的措辞,因为
你不需要任何人听懂你说了些什么。你这个傻小子,你何
不更完满地实现你的目标,什么话也不说呢? 但是你说古
代使你很感兴趣,因为它高尚、美好、合理和高雅。你当然
可以按照过去的习惯生活,但是要说现在的语言,永远要记
住并牢记在心具有伟大天才和智慧的恺撒在他的第一本书
《论类推》中所说的话:'要像避开岩石的岬角那样避开生
僻的不熟悉的字。'"^②所以,要使用适度,以免从古代恢复
的字用得过于频繁,过于偏僻,或用完全废弃不用的字。现
在,还有谁说 nox,而不说 nocte,或者说 im,而不说 eum
呢? 但是,《十二铜表法》中还有这个字,因为在《十二铜表
法》中就是这样写的: si nox furtum fuerit;si im occiderit
jure caesus esto。^③

---

① 昆体良:《雄辩术原理》。
② 奥路斯·革利:《阿提喀之夜》1.10;马克罗比:《讽刺诗集》1.5.1—2。
③ 马克罗比:《讽刺诗集》1.4.19。

　　权威（拉丁用法）通常是以雄辩家、历史学家为基础。如果诗人的诗体形式不是要求一种词性而不要求别的词性，诗人也同样可以作为基础。例如，Immo de stirpe deci-sum，aëriae quo congessere palumbes，以及 silice in nuda。① 从这些文句中我们知道，stirps 是阳性，palumbes 和 silex 是阴性，因为诗体的需要，不要求对性有任何改变。但是，雄辩领域中最伟大人物的判断往往取代了逻辑。下述伟大领袖人物的错误似乎是一个诚实可信的错误。② 但是我们必须小心，不要模仿太古老的或太过于偏僻的作家。虽然，使用最优秀的作家留传下来的字似乎是无可指责的，但是仍然具有重要意义的是不仅要注意他们说了什么，而且要注意他们所说的被证明有多大说服力，因为明白易懂是演讲的最大的力量所在，确实需要有人翻译的演说是很有缺陷的。③ 现在还有谁说 noctu concubia 和 hac noctu filo pendebit Etruria tota④，虽然恩尼是这两种措辞的作者？谁会像加图那样说 lurcinabundum，或像麦萨拉那样说 gladi-ola？

　　然而，剩下的是习惯，演说技艺的最确定的老师。在它面前，理智、古代和一切权威都要退避三舍。我们运用演

---

① 维吉尔：《伊尼德》12.208；《牧歌》3.69；1.15；这句引文出自昆体良的著作，这是西尔维·伊尼亚斯的所本。
② 昆体良：《雄辩术原理》。
③ 同上。
④ 马克罗比：《讽刺诗集》1.6.42—43。

讲,必须像用钱那样,使用通用的货币。说人们过去曾经说
过的话,而不说他们现在所说的话,这是十足的愚蠢可
笑。① 逻辑学曾一度要求我们说 invidere te,像我们说 vi-
dare te——诚然,阿克西在他的《梅拉尼普斯》中的确是这
样说的: quisnam florem liberum invidit meum?② 尽管如
此,西塞罗仍然说这是习惯所禁止的。③ 据说,Ides 是从 Id-
uare 而来,古人埃特鲁斯坎说,Iduare 和 dividere(分开)是
一样的,从那里派生出 vidus(寡妇)这个词,似乎 idua 的确
就是"分开"④或与丈夫分离。今天已经再没有人说 iduare
了。虽然习惯还是给我们留下了 Idus 和 viduas,也没有任
何人会冒昧地把 diequinte 或 diequenti 写在一起作为副词,
虽然从以《梅维亚》(Mevia)为题的阿特兰的笑剧中得到了
庞波尼的诗句的权威性的认可:

> Dies hic tertius, cum nihil egi: diequarte nloriar
> fame.
>
> 到现在我已经三天没有工作,在第四天我会饿死。

die pristini 也是一样⑤:根据古代一些并非没有学问
的权威作家,这种措辞被证明是指 die pristino,即"前一

---

① 昆体良:《雄辩术原理》。
② 西塞罗:《图斯库兰讨论集》3.9.20。
③ 同上。
④ 马克罗比:《讽刺诗集》1.15.17。
⑤ 奥路斯·革利:《阿提喀之夜》10.24—25;10.24.8。庞波尼即路希·庞波尼,
苏拉时代颇负盛名的笑剧作者。

天"，或如现在所说的 pridi①，习惯赞成后者而不是前者。

但是，在这里也需要有良好的判断，以免滑入庸俗的用法。首先，我们必须确定，我们称之为"习惯"的是什么。因为如果大多数人所做的就叫做"习惯"，如昆体良所说，不仅对一个人的措辞，更重要的是对一个人的生命来说，就会产生一个危险的原则。因为从多数人认为正确的东西中，哪里能产生这么多善意？智慧不是掌握在多数人手里，而是掌握在少数人手里。雄辩才能不是属于一个民族，而是属于少数人。对长度大惊小怪而剪掉自己的头发的人、在洗澡时狂饮的人②、热衷于外出吃饭的人、成为快乐和非法收入的奴隶的人，在数量上是很多很多的，能够避开这些事情的人却是少数。上天禁止我们模仿前者，让我们逃避这种人。滥用拉丁语的人有多少啊！对于 amare（爱）和 insequi Veneris cupiditate feminas（因性欲而追逐女人），这里的人说成 hovizare；"从一次旅行所花的费用"他们称为 ceralia；当他们要指出某一个人要来时，他们不说 veniet，而是说 erit cito venire。那么，因为这些人是大多数，我们就要追随这种人、采取多数人的语言习惯和用法吗？让这种错误滚蛋吧！错误地灌注到不论多少人中去的东西，绝不能被接受作为语言的标准。正确的用法来自良好的行为，而不是来自恶习。所以，正如在生活中正确的习惯必须求助于

---

① 奥路斯·革利：《阿提喀之夜》10.24—25；10.24.8。
② 昆体良：《雄辩术原理》。

并模仿善人所同意的东西,在语言中正确的习惯必须求助于并模仿有学问的人所一致同意的东西。①

为了您的利益,对于文法的第一部分的根源,我们没有过于详细地而只是有些简略和概括地向您指出,您的老师能够也应当让您从这里吸收一些东西,向您讲解普里西安和以准确的判断和措辞谈到过的其他人的著作。同时,我要转到文法的第二部分,考虑一下它是什么。

各门学科都是互相联系的,一个人如不涉猎其他学科,就不能掌握一门学科。诚然,如果一个人不注意诗人,不阅读历史学家和雄辩学家的书,他就不可能掌握正确说话的艺术。文法这一学科中的逻辑、古代、权威和习惯,从别的地方到哪里去学习呢? 由于这个缘故,文法的第二部分要求不仅要读、要理解上面提到的作家的著作,而且要考虑各种类型的有发言权的、有名望的作家,不仅仅是因为他们有学问,也是因为他们的词汇量,他们往往从权威作家的作品中借取精确的含义。② 所以,如果您的老师努力去收集、考虑,并对您讲解,那是有益的、必要的。

古人断言,阅读应当从荷马和维吉尔开始,尽管理解他们的优点需要有更成熟的判断。但是,要获得那种判断力,时间是充裕的,这些作品将不止读一次。同时,儿童的头脑会因英雄史诗的崇高而得到升华,他会受到伟大事业的激

---

① 昆体良:《雄辩术原理》。
② 同上。

励,也如同奥古斯丁在他的《上帝之城》①第一部分赞许地
记载的那样,被赋予高贵的情感。② 我不知道您怎么能学
习希腊文,因为身边没有能教这一学科的教师。但是我还
是要说,您还是应该学会这种语言。希腊语知识——不少
西方伟大的皇帝都有这方面的知识——对于治理匈牙利王
国是大有帮助的,该王国有很多希腊人住在附近,也会流露
出拉丁语的发音。对我来说,甚至到了老年还专心致志地
学习希腊文学的大加图的权威要胜过认为学习一种以奴隶
作教师的语言是不光彩的盖伊·马利。③ 我们有学习希腊
语的意愿,但是没有资源。让我们读读拉丁文学。我们有
丰富的拉丁文学著作,借助于它们,我们可以获得丰富的、
优雅的拉丁语的用词风格。

　　然而,那些想装作神学家而实非神学家④的一帮人会
立刻责骂我,因为我要说到诗人,并且要求读他们的作品。
"你为什么要从意大利把诗人带给我们?"他们会说,"你为
什么要匆匆忙忙地以诗人的娇柔的放荡败坏日耳曼人圣洁
的道德? 马库斯·诺比利奥不是因为当执政官时⑤把诗人
恩尼带到伊托利亚作为可耻的事被罗马人铭记在心吗? 你
所追随、崇拜的西塞罗在他的《图斯库兰讨论集》中不是说,
因为柏拉图要求在他想象的理想国中要有最好的情况而公

---

① 昆体良:《雄辩术原理》。
② 奥古斯丁:《上帝之城》1.3。
③ 西塞罗:《论老年》1.3.8.26;哲罗姆:《书信集》52.(PL XXⅡ529)。
④ 比较西塞罗:《论责任》1.65。
⑤ 西塞罗:《图斯库兰讨论集》1.2.3。

正地把诗人清除了吗？^① 波厄西怎样呢？他不是称诗人中的缪斯女神为娼妓、戏子吗？^② 圣哲罗姆怎样呢？他不是说因为热心追求俗世的学问^③而受到一位天使的打击吗？离开我们，把你的诗人带走吧！"某些法学家会完全同意他们的学问紧紧抓住注释而不紧扣正文的人、那些在民法中找不到比评注本更优雅的东西的人。^④

让我对这些批评作简短的回答。如果所有日耳曼人都同意他们的观点，我们乐意离开这个国家，而不愿意住在如此无知、如此盲目的人群中。但是，即使在这些地区，也有很多十分留心诗人和雄辩家的有学问的人，这些人不为他们的对手的论据所动。因为，虽然有人贬低马库斯·诺比利奥，他仍然不屈服于诽谤他的人；他被老西比奥·阿弗利开努斯所模仿，后者不以热爱恩尼为满足，而且命令把诗人的雕像放在他自己的坟上和他的祖先的坟上。所以，如果要在权威性上作一比较，我要说西庇奥·阿弗利开努斯和马库斯·诺比西奥比所有其他芸芸众生更重要得多。西塞罗对柏拉图的引证是容易得到纠正的，试听听在后面不远处西塞罗的补充——这是他的原话："但是，我们为什么要对诗人发怒呢？我们可以发现，有一些哲学家、美德教师也

---

① 西塞罗：《图斯库兰讨论集》2.11.27；柏拉图：《理想国》398A。
② 波厄西：Cons. 1.1。
③ 哲罗姆：《书信集》22(PI XX Ⅱ416)。
④ 指罗马法全集的中世纪评注者和解说者。

说,惩罚是最大的恶行。"①紧接着他引证了大量介绍有害学说的哲学家的例证。所以,根据柏拉图驱逐诗人的理由,哲学家也应当以同样的理由受到驱逐。

关于神学家,我应当说什么呢?有什么反对信仰的错误他们没有提出过?如果不是神学家,是谁引进了阿里乌斯派*的狂热?有谁使希腊人与教会分离?是谁引诱了波希米亚人?曾有一个时候,罗马人将所有的医生都逐出罗马城,因为在他们中间发现很多犯罪行为。但在以后,当罪犯得到了惩治以后,他们赢回了自己的清白无辜。雄辩家怎样呢?西塞罗不是说,由于邪恶者的雄辩口才,很多城市完全被破坏了吗?②但是,正如并不因为在雄辩家、医生、神学家和哲学家中间有少数坏分子就反对全体雄辩家、医生、神学家和哲学家,同样,不能因为少数诗人行为不端就要避开所有的诗人。不然的话,柏拉图本人也应当从他所设计的国度里被驱逐,因为他曾专心于悲剧,而马克罗比所引的柏拉图的诗表明他自己是一个诗人。③ 西塞罗也不应

---

① 西塞罗:《图斯库兰讨论集》1.2.3,2.11.27—12.28。
* 阿里乌斯(Arius,约公元250年—336年)原是基督教亚历山大里亚教区神甫,他的神学思想是认为圣子不是上帝,与圣父不是同性、同体,是从属于圣父的,是受造物,并认为圣灵比圣子原低一级。这种观点与"三位一体"的神学思想是对立的。阿里乌斯派信徒曾在"蛮族"中进行卓有成效的传教活动。公元325年君士坦丁大帝召开的尼西亚主教公会议上,阿里乌斯神学思想被定为"异端",阿里乌斯遭流放,后被赦。356年病死。——中译者注
② 西塞罗:《论演说家》1.9.38。
③ 奥路斯·革利:《阿提喀之夜》19.11。

留在那个国家，因为他不仅仅是诗人很重要的崇拜者，而且还以一个诗人的姿态写了三卷诗集《在他自己的时代》。波厄西的明显的反对意见值得引人一笑而不值得批评。因为如果有人说，诗的艺术受到一位诗人的谴责，谁能忍住不笑呢？波厄西自己的著作不是通篇涂上诗的色彩吗？当哲学本身和他对话时，她（哲学）通常用诗和小说的虚构形象对话。在他的著作中有多少故事和多少种韵律！波厄西似乎像是习惯于诅咒不该诅咒的东西的人。但是我们不责备伟大的哲学家、诗人波厄西，因为谁会相信这些。但是，现在要讨论这个问题将是一个很长的任务。

我现在要说到哲罗姆，我希望所有活着的人都追随他的足迹，我们都应当具有像他那样的雄辩才能和圣洁的生活。没有必要反对他。他宣称，只是在他广泛涉猎一切俗世学问以后，他才受到痛斥。我倾向于在这个问题上沿着佛罗伦萨关于家庭财产的谚语的思路去思考。他们说："当你填满了你的房子里的每寸地方以后，就要记住过正直的生活。"哲罗姆的著作洋溢着诗的语言，即使他自己否定西塞罗和生僻的异教书籍，他的著作中没有一行不是带有西塞罗的辩才的风味。关于教会的其他学者们，我也要说同样的话，他们的流利的口才都是被诗人所润色，否则他们都将是哑巴。毫不奇怪，基督徒大军的统帅、不可战胜的演说家、使徒保罗，惯常小心地读诗人的作品，他的诗被发现收编在他的使徒书信中。因为据哲罗姆说，保罗写给提多

(Titus)的"革哩底人常说谎话,乃是恶兽,又馋又懒"①,是诗人埃皮米尼德斯的一首诗。在另一个地方,他用了梅南得尔的一行诗:"滥交是败坏善行。"②毫不奇怪,逐字翻译不能保存拉丁语的韵律,因为同样方言的一行荷马的诗要译成相应的散文很困难。有宽广的领域和丰富的资料可供在这里辩论。可以引证几乎无数的人,他们都确认应当读非宗教的文学特别是诗人的作品。诚然,一位因雄辩才能和殉教而名声卓著的人士赛普里安受到了人们的攻击,如菲米亚努斯所说,因为他在写文章反对狄美特里安努斯时引证了先知和使徒的证言,而狄美特里安努斯说那些证言是想象的、伪造的,而不是哲学家和诗人的证言,他作为一个异教徒,不能对抗他们的权威。③ 但是有什么必要除了保罗以外引用其他的证据呢?如果有人不相信保罗,他相信谁?谁愿意,就让他沿着自己的错误走下去吧,我们与保罗、其他圣徒和博学之士一道,远离逃避读诗的人,将要求别人合法地、适度地从事这种阅读。

诚然,我们并不把它作为一条原则定下来,说应该读所有诗人的作品,说孩子们应入迷般地读诗。其中有很多色情的、堕落的东西,所以头脑绝不要为它们所说的每一件事所吸引,正如一个人不应听讨论一切神学家和一切哲学家

---

① 《圣经·新约·提多书》第 1 章第 12 节。参看迪尔斯-克朗茨:《福索克拉梯克尔残篇》Ⅱ,柏林(1907)493—494。
② 《圣经·新约·哥林多前书》第 15 章第 33 节。
③ 哲罗姆:《书信集》70。

的演讲一样。但是，当他们论述著名人物的言行时，那时读者的全部精神应受到感动和鼓舞，应当尽力仿效他们。但是当说到坏人时，就应避免模仿他们。请倾听那位最神圣的、学识渊博的巴西尔的意见。"我们称赞诗人，"他说，"但不是在他们叙述争吵时，也不是在他们描绘小丑、情人、醉汉或说话尖刻的人们时，也不是在他们界定幸福就存在于丰盛的餐桌上和下流歌曲中的时候。而最不应该的是当他们说到关于众神的任何事情，特别是当他们把众神描绘得复杂多样、彼此不和的时候。"稍后一点，他又说："关于其他作家，也可以这样说，首先是在为了消遣而读他们的时候。"他还说："但另一方面，我们信奉雄辩家，特别是当他们赞扬美德、抨击恶行的时候。"所以在读诗人和其他作家的作品时，模仿蜜蜂是适宜的。因为其他动物仅从花卉中采取芬芳和颜色，而蜜蜂知道怎样吮出蜜汁。用同样的方法，不仅仅是寻求词语的快乐的人能收获一些果实。此外，蜜蜂不是不加区别地接近所有的花卉，它们也不完全吮干它们歇脚的花朵，而是在采取了所需的东西以后，让剩下的花朵保持完好无损。①

我不禁要再一次运用哲罗姆的证言，这一次是教导怎样医治受了伤的地方。他在写给市内一位雄辩家的信中指出，保罗并不对俗世文学无知，并利用了诗人的诗句；他立即补充说，他已经读过《申命记》中主的教谕，说被俘的妇女

---

① 西萨里亚的巴西尔：《论青春》4.1。

的头发要剃掉,她的眉毛和身上的一切毛发和指甲都要去掉,然后才能结婚*。关于这点,他自己补充说:"由于异教学问雄辩的魅力和它的肢体的美丽,我要把异教学问从侍女和俘虏改变成为上帝的选民,这有任何值得惊奇之处吗?如果我把那些因偶像崇拜、色情、错误和情欲而坏死的部分砍削下来,难道令人惊奇吗?"①这给了您一个阅读诗人和其他作家作品的办法,当您从中获得了符合真理的东西以后,就应略去其余部分,当你摘取玫瑰花时要避开刺。你要只接受有益地写下的东西,拒绝其余有害的东西。②

在任何一门学科开始时,不论它是什么学科,你要估量它的情况,使之朝它的目标或目的前进。因为我们要经过美德,从今生上升到另一种更美好的生活,而美德是受到诗人和历史学家高度赞美的,甚至更受到哲学家赞美。我们对他们的言论应特别注意,逐渐灌注到孩子们的头脑和年幼的灵魂中去的某种美德的习惯和对它的熟习,益处是很大的,因为在这个稚嫩的年龄学到的不论什么东西会牢固地坚持下去,事实上几乎是不可能去掉的。由是之故,贺拉斯说:

　　　陶罐里一旦灌满(液体)

---

　　* 《圣经·旧约·申命记》第 21 章第 11—13 节:"若在被掳的人中见有美貌的女子,恋慕她,要娶她为妻,……她便要剃头发,修指甲,脱去被掳时所穿的衣服……然后可以与她同房。"——中译者注
　① 哲罗姆:《书信集》70。
　② 西萨里亚的巴西尔:《论青春》4.9—5.2。

它的气味就长期保持不变。①

从阅读以实际智慧写作的古代和现代作家的著作中会给您增长双重的好处。通过对美德的热心,会使您的生活更美好,您会学到文法这门学科和运用最佳的最优雅的词汇的技巧,同时会储备大量格言。

但是,当您还是一个孩子时,就要从我们接受进一步教育,知道您应当读哪些作家的著作,这就是诗人、历史学家、哲学家和雄辩家的著作。我们把神学家保留给生命的另一段时间,虽然属于哲学家范畴的神学家的著作可以给孩子读而没有危险。我们在后面将说到这点。哲学是无所不知的。但愿您的老师的判断力帮助您阅读交给您的诗人的作品。在史诗诗人中,您的老师会首先挑选维吉尔,他的雄辩才能、他的荣誉,是如此伟大,以致人们不能加以毁誉。从他的作品中,精心的读者会发现各种风格。人们认为有 4 种风格:简洁、丰满、客观公正、华丽。② 著名的历史学家路坎、更精练的斯塔西,都不要忽略过去。奥维德总是很优雅、悦人,但在很多地方过于放纵。但是绝不应当不理会他的著名的作品,他取名为《变形记》,由于他所给予的神话的知识,学习它的益处是不小的。写英雄史诗的其他作者远远次于这些,应当称他们为打油诗人而不能称为诗人。据

---

① 贺拉斯:《书信集》1.2.69—70。
② 马克罗比:《讽刺诗集》5.1。

我的看法,克劳迪安和《求取金羊毛的英雄》①*的作者绝不能受到轻视。

现在我们还没有遗失的讽刺作家只有三个人,贺拉斯、朱文那尔、佩尔西。马歇尔似乎也是一位讽刺作家,但是他的诗不遵守讽刺作品的法则。贺拉斯的年龄略小于维吉尔,是一个很有学问的人,不论您读他的《颂歌》(*Odes*)、《诗艺》(*Art of Poetry*)、《讽刺集》(*Satiers*)或《书信集》(*Epistles*),都是有益的。此外,其中还有一些东西,在您还是一个孩子的时候,我打算让您读它,也不打算向您讲解。富有天才的诗人朱文那尔说了许多过于放纵的东西,然而在他的一些讽刺诗中,他显得如此虔诚,在现在我们所信仰的导师中,似乎无有出其右者。佩尔西过于晦涩,但是有益。马歇尔是有害的。虽然辞藻华美、绚丽,但是他的刺太多,你不可能摘取他的玫瑰花而不扎伤手。一切哀歌的作者都不要让孩子接触。梯布路斯、普罗佩西、伽都路斯和我们已经翻译的莎孚的诗作的片断都过于软弱、娇柔。他们的作品几乎全部是关于爱情的,他们不断地悲叹失去了的爱情,所以要把它们置于一旁,或把它们保存到生命中更坚强的时候。

喜剧作家能对雄辩口才作出贡献,因为它涵盖了各种性格。关于这种人,我们只有两个,即普劳图斯和特仁斯。

---

① 罗得的阿波洛尼。
* 求取金羊毛的英雄,荷马以前的希腊神话故事,公元 5 世纪时由品达加以整理。——中译者注

悲剧作家的作品对孩子也是有益的,但大辛尼加的孙子辛尼加除外。① 除威尼斯的革里戈里奥·柯热以外,我们没有拉丁悲剧作家。在年轻时代,柯热把奥维德著作中的特里乌斯的故事②改变成了悲剧。当您的演说需要严肃和优雅时,前者可以在悲剧中找到,后者可以在喜剧中找到。但是您的老师要当心,以免在他读喜剧和悲剧给您听时,好像是在提倡错误的东西。他应当要求您权衡并考虑说话的剧中角色和那些台词所产生的情感。

有一大群雄辩家的著作可以读,但西塞罗是所有雄辩家中最才华横溢的,对初学者也是十分合意和明白易懂的。他不仅能使人有益,而且会使人喜爱。我认为他的著作《论义务》不仅有益,而且对您是必需的。安布罗斯也模仿西塞罗写了一篇《论义务》,不可轻看。我认为,将它与西塞罗的著作一起读是十分恰当的,以便使西塞罗著作中任何不正统的东西都能在安布罗斯的著作中得到校正。拉克坦西的著作是十分精练的。哲罗姆的著作中没有任何粗俗的东西。奥古斯丁的著作是毫无瑕疵的。您还可以从格里高利的著作中获得不少收益。在当代,列奥纳多·布鲁尼、维罗纳的瓜里诺、波吉奥·布拉乔利尼和卡马尔多伦先的僧人

---

① 悲剧作家、哲学家路西·安尼乌斯·辛尼加实际上是名气小得多的演说词作者路西·安尼乌斯·辛尼加的儿子。

② 此处所说悲剧是维多利诺的学生格里戈里奥·柯瑞尔(1409—1464)的《普洛尼亚》(Progne)。关于(根据《变形记》的故事创作的)《普洛尼亚》,参见约瑟夫·R.贝里根《15世纪的拉丁悲剧》,载 *Humanistica Lovaniensia*,1973年第12期,第1—9页。

安布罗吉奥·特拉维萨里的著作都写得很优美,值得一读。

男孩子也应读历史学家比如李维和赛路斯特的著作,虽然要等到年龄大一点以后才能理解他们。此外,我们有茹斯丁、昆图斯·库尔西和庇尔·保洛·维吉里奥翻译了的阿尔里安,他们的著作中包含的都是事实,而非虚构的故事。亚历山大的事迹应当细读。历史学家和哲学家瓦勒里·马克西姆对这些作者的著作作了较有价值的补充。不应当把苏厄多尼的著作交到孩子的手上。《创世记》*、《列王记》、《马卡比传》、《犹滴传》、《以斯拉记》、《以斯帖记》、《福音书》、《使徒行传》等读了都是大有收益的。因为,正如西塞罗所说:"历史是时间的证人,真理之光,生活之师,古代的信使。"①所以,知道大量的历史,让你受到训练,从而模仿别人的榜样,你懂得怎样趋利避害,这是有益的。此外,我们不想使您负担过重,只要学会著名作家所重述的、记载的历史就够了。但是,如果我的权威还有点价值,我要绝对禁绝将波希米亚人和匈牙利人的历史以及类似的记载交到孩子的手上,因为它们都是无知的人写的,其中有很多愚蠢,很多谎言,而没有箴言,没有优美的文体。普利尼的"没有一本书会坏到从中得不到一点有用的东西"②,这句

---

* 《创世记》、《列王记上、下》、《以斯拉记》、《以斯贴记》为《圣经·旧约》篇目。《四福音书》、《使徒行传》为《圣经·新约》篇目。《马卡比传上、下》、《犹滴传》为《圣经·次经》篇目。
① 西塞罗:《论演说家》2.9.36。
② 小普利尼:《书信集》3.5。

话似乎证明,只要读书,就能给他一点东西,但是这种说法不是对孩子说的,而是对已经受过教育的人说的。如果孩子不在开始时就受到优秀书籍的熏陶,他们的头脑就会被毁掉,他们就不能获得良好的判断力。

您现在应当认为,关于文法的第二部分已经谈得足够了——即是说,我们已经说了一次,根据我们的判断,不能把这些作家同时咽下去,您也没有必要全部都学,您应当十分当心,要防止因巨大的劳动使您厌恶书籍。

早些时候有人说,文法的第三部分包括正字法,即是正确写字的艺术。如果我也教给您这方面的规则,它似乎是一种微不足道的小事。因为一位国王忙于写字似乎是无聊的,还因为绅士们往往不关心能写得正确,写得快速。但是,对一位王室年轻人甚至教授文法的人而言,这一部分并不是不适当的,因为它对于理解、熟习作家的作品是大有帮助的。事实上,有人说,很多老恺撒都是十分熟练的书法家。现在领导罗马教会的教皇尼古拉五世写得一手漂亮的字,他的继承人尤吉尼四世有同样的技能。对于您的光荣的教父弗雷德里克皇帝的书法,谁也不敢置一词。虽然一个统治者必然很少写字,然而当他真正写字时,应该当心不要显得是画蝇粪污迹而不是画珍珠。当国王阿尔方索在元老院写的信件上签上他自己的名字时,人们弄不清他是在写字,还是画了几条蛇,这对这位伟大国王的光荣来说有些黯然失色,不然的话,他是一位很出色的国王。① 但愿您不要有这种缺点。注意我们关于正字法的忠告。"花小的劳动,"维吉尔说,"得大的光荣。"②

正字法分为两部分:写得清楚,写得正确。③ 在第一部分,必须弄清楚按文字特有的特点去写字,既不要太长,也不要太粗,让圆形、方形、长方形和弯曲形保持合适的形状。在这里也有两种方法去做,一种是现代的,一种是古代的。④ 古代的字的形状字迹更清楚易读,更接近于它的来源希腊字。不论一个孩子希望模仿哪一种字体,他都需要有一个漂亮的、完美的摹本,因此应经常提供最好的范本以供模仿。如果我们不能达到最佳的标准,至少摹本要是最好的,使我们不致因最坏的摹本而被人瞧不起。要弄清楚,选作写字范本的诗不要含有无益的思想和不规范的字,这也是有益的,它们倒是应包含有从著名诗人和著名作家选择来的高尚的箴言,以便用这种方法可以学会进行哲学推理和像游戏一样地写字。

在第二部分,关于写得正确,要教许多规则。必须学习元音、辅音、不发音的字母、流音,必须知道字母重叠。简单的字必须根据它们特有的成分去考虑,以便对复合字进行

---

① 那不勒斯国王(1443—1458)阿瑞贡的阿尔方索一世因为对文学艺术的慷慨庇护而被称为"慷慨大度的人"。
② 维吉尔:Georg. 4.6。
③ 即书法和拼写。
④ 作者主要是指人文主义字体(古代)和哥特式字体(现代),后者是德文尖角形字体的前身,是德国在 15 世纪更广泛使用的字体。

类比研究。但这允许有很多例外,当出现词尾变化和复合字时,不仅有字母的变化,而且有全部音节的变化。但我们是靠使用而不是靠规则学会构成简单字的字母。在这件事情上,读诗是很有帮助的,因为表明音节是长音还是短音的格律规定了字母是应当重叠,还是应当删掉。根据这个论点,就可清楚地知道在 oppidum 中字母 p 要重叠,因为诗已经使第一个音节是长音。例如在维吉尔的诗中:

tot congesta manu praeruptis oppida saxis.
于是很多城镇从陡峭的岩石中用手建成了。

在这里,如果他只保留一个字母 p,写成如 oported,第一个音节就应该是短音。但是,虽然 opportunus 是从 oportet 而来,它要求将 p 重叠,正如学者所指出的用法。

规范字母变化的规则大都与复合字有关,它们通常与前置词一起组成,所以知道前置词 ad 怎样与不同的字组合成为复合词是有益的。有时,d 改变成紧跟在它后面的那个字母,与它结合的惯用语就可以这个字母开始,如:curro,accurro;fero,affero;gero,aggero;ludo,alludo;nuntio,annuntio;pono,appono;ridio,arridio;surgo,assurgo;tollo,attollo,等等。① 至于其他由以同样的字母开头的字组成的复合词,如与前置词 ad 组成的复合词,有时将 d 略去,如

---

① 普里西安:《语法原理》1.45(Keil Ⅱ 35)。此处所引资料以及后面的拉丁文法资料可能都是间接引用。

aperio 是从 ad 和 pario 复合而成，以及 agnitus、aspectus，还有 asto、ascribo 和 astruo。当 ad 与以 gn、sp、ac 或任何跟在 s 后面的辅音开头的惯用语结合成复合词时，这条规则必须永远遵守。不然的话，d 就要保留不变，如 adhibeo、adhaereo、advoco、adquiro①——不是如很多人所认为的 acquiro，虽然在这种情况下，也许，到目前，习惯已克服了逻辑。当 ad 和 sum 组成复合词时，有人写 absum，有人写 assum。在这个问题上，两种写法都有学者支持，所以，似乎在两种情况下，习惯都是占优势的。按照昆体良的观点，absum 和 apsum，obtimus 和 optimus 都可以写，因为 p 和 b 的发音是同语系的。② 动词 absum 的完成式有被写作 affui 和 abfui 的，虽然后者可能更合乎逻辑。前置词 ab 不论与任何词连接时，并不通常是 b 不发音，如 abdo、abicio、abero 和 abripio。如果 b 变成紧接其后的辅音，这个复合词似乎就是由 ad 组合而成，而不是由 ab 组合而成。此外，习惯上都写 amitto，而不写 abmitto，absporto 是由插入的 s 组成，虽然它是由 ab 和 porto 组合而成。

写字的人应该知道，如果一个辅音字母的前面和后面都是辅音字母，那个辅音字母就不能重叠③，除非是在 r 之前的 e 和 q，这个 r 或在辅音字母前，或在辅音字母后，如

---

① 阿尔伯里库斯：《正字法》(Keil Ⅶ，295ᶠ)。
② 昆体良：《雄辩术原理》1.7.7—8。
③ 普里西安：《语法原理》1.45(Keil Ⅱ35)。此处所引资料以及后面的拉丁文法资料可能都是间接引用。

effluo、effringo 和 suffragor。我们不说 trassumo,而是说
transumo,虽然它是由 trans 和 sumo 组成的。然而,如果
三个辅音字母没有一个重叠的话,三个辅音字母可以在一
起出现,如 obscenus、sanctio 和 sextus,因为 x 有两个辅音
cs 或 gs 的作用。当前置词 ex 与以 s 开头的字组合成,它
不允许 s 同时出现,而是把它省略,如 exurgo、exigo、exan-
guis 和 exectus。但是,如果它是与以 q 开头的字组合成复
合词,就要把 x 改换成 q,如 effgio、effero 和 effringo。否
则,它既不使别的字母改变,也不因别的字母而改变,如 ex-
curro、exquiro、expello、extendo 和 exlex。没有发现其他以
l 开头的字与 ex 组合。但是,前置词 e 可以加到很多不能
以 ex 为字头的字上面去,似乎这个字的第一个字母是 d,
如 educo,或辅音 u,如 evoco、evacuo 和 eveho,或辅音 i,如
eiicio,或 n,如 enitor,或 m,如 emineo,或 r,如 eruo。

没有办法使这样的辅音字母重叠,虽然 eiicio 中的 i 重
叠了,因为第二个 i 是一个元音字母而不是一个辅音字母;
eiicio 这个词中,在其全部词尾变化中都保留着重叠的 i,一
个是辅音字母,另一个是元音字母,除非它的后面紧接 e,
如 eieci。在散文中,也是任何一个从 iacio 来的字都应使 i
重叠,如:eiicio、obiicio、reiicio 和 abiicio。但是在诗中,必
须注意第一个音节是长音还是短音。如果是长音,i 就要重
叠;如果是短音,就不要重叠。这些字的每一种用法都可以
在维吉尔的诗中找到:

Tityre，pascentes a flumine reice capellas。①

梯台茹斯*，把吃草的母羊从河边赶走。

也不是如某些人认为的，在第 5 音步中有一个 proceleus-matic。奥维德就有：

quid mihi livor edax ignavos obicis annos?②

为什么令人痛苦的怨恨使我的麻木的岁月承受重负？

还有斯塔西：

pectoraque invisis obicit fumantia muris。③

他把他们热气腾腾的身体靠在受人仇恨的墙上。

又说：

frondibus instantis abicit monstratque cruorem。④

当他们挤进叶丛、显露出血块时，他放弃了他们。

在另一个地方：

abicit；attonitae tectorum e culmine summo。⑤

---

① 维吉尔：《牧歌》3.96。
　* Tityre 译成英文是 Tityrus。——中译者注
② 奥维德：《爱情的艺术》1.15.1。
③ 斯塔西：《底比斯人》10.936。
④ 同上书 4.603。
⑤ 同上书 2.479。

他丢掉（橄榄枝），在平顶屋的房顶上惊呆了。

昆体良也认为，coniicio 中的 i 应重叠。[①] 当 in 和 con 与以 e、r 或 m 为字头的字组合成为复合字时，把 n 改换成它后面的字母并重叠，如 ludo、illudo、colludo；ruo、irruo、corruo；muto、immuto、commuto 和 mitto、immitto、committo。[②] 但是前置词 con 是不能分开的，仅存在于复合词中；当它与以元音字母为字头或以关气音为字头的字组合时，要省略 n，如在 coerceo、cohaereo 和 cohortor 中。comedo 这个字在这一点上是容易使人误解的，因为它是由 con 和 edo 组成的复合字，在那里，为了声音的和谐悦耳，n 没有省略掉，而是改换成 m。[③]

当 sub 和 ob 与以 r、p、c、g、f 或 m 为字头的字组合时，通常把 b 改换成它后面的辅音字母并重叠，如 succurro、occurro、succido、occido、succumbo、occumbo、succino、occino、sufficio、officio、suggero、summitto、ommutesco、supono、oppono 和 surripio。然而有这些例外：aufero、aufugio，其中的 b 改换成了 u；obrogo，obrado 和 obrodo 也是一样，其中的 b 保留不变。如果 sub 与 quatio 这个字结合，b 改换成 c，这个字拼作 sucquatio。同样，我们必须写 omitto，

① 昆体良：《雄辩术原理》1.4.11。
② 普里西安：《语法原理》1,45(Keil Ⅱ35)。此处所引资料以及后面的拉丁文法资料可能都是间接引用。
③ 庞波尼·波尔菲里奥：《喜剧集》(Keil, V. 231)。

而不能写 ommitto 或 obmitto。① operio 和它的被动语态
operior 乐于只用一个 p，而异相动词 opperior 需要将 p 重
叠。Opinor、opinio、opitulor 和 opulentus 只有一个 p。有
时，如果 r 紧跟在 ob 的后面，为了声音和谐悦耳，仍保持不
变，如 obruo、obrepo 和 obripio。Obscurus 也是从 ob 和
curo 组合而成，b 不变，但因为是辅音字母，增加了一个 s。
这种情况也发生在 obscoenus 中，这是由 ob 和 coenus 组成
的复合词。但是，如果 ob 和 sub 与上述字以外的字组合，
它们保留 b 不变，如在 subdo 和 obdo 中。

不可分开的前置词 dis-和 di-只能在复合词中找到。
Dis 可以与带有 c、p、s、t、辅音 i 或 s 的字组成复合词，如从
dis 和 cerno 组合成 discerno、dispono、distrabo、disiungo 和
dissuo，其中 s 保留下来没有任何改变。在 diffundo 这个字
中，s 改换成了 q，并使之重叠，如在 differo 和 diffido 中；
dimminuo 也是由 dis-和 minuo 组合而成，其中 s 改换成 m，
并使之重叠。② 但是，di-不能和这样开头的字组合，只有
minuo 除外，那时，它应当写成单独一个 m，如在 diminuo
中。di-往往比 dis-更多与其他字组合成复合词，如在 didu-
co、diluo、dinumero、diruo、digladior 和 dimipio 中。

前置词 trans 与以 d、n 或辅音字母 i 为字头的字组合
成为复合词时，n 和 s 都省略掉，如在 tranduco、trano 和

---

① 普里西安：《文法原理》1.44(Keil Ⅱ 34)。
② 维利・朗古斯：《正字法》(Keil Ⅶ，65)。

traiicio 中。也有发现不变的，如 transmigro 和 transduco，它们看来不是复合词。① 字母 n 不能置于 b、m 或 p 之前，不论惯用语是简单字还是复合词，如在 summa 中，m 重叠了，又如 rombus、Pompeius、communis、immunis、combibo、imbibo、computo 和 imputo 中。此外，在由于称为 tmesis 的修词手段，而隔开的复合词中，如在 im quam prudens 和 im quam potem 中，学者的用法是以 m 代替 n，尽管为了回复到本来性质的前置词，它看来可能是对的，因为当它分开时，它没有改变，即使紧跟在前置词后面的字应当以上述的字母为字头，如在 in bivio、in pontificio 和 in magistratu 中。相反，有时在简单字和复合词中，f、c、d、q 和 t 不允许 m 紧跟在它们后面，如 tonsus、linquo、cancer、mendax、centum、anfractus、quemcunque、quicunque、tantundem 和 identidem 中。此外，在由 ph 组成的希腊字中，也要遵守同样的原则，但更多学者更喜欢 pamphilus 和 nympha 用 m 写成，但发 n 的音。

当前置词 circum 与以元音字母为字头的字组合成复合词时，m 保持不变，所以写作 circumeo，但读作 circueo。前置词 cum 应写成 c、u、m，但是按照昆体良的意见，如果它是指时间的副词，应写作 qu、u、o、m。② 所以我们写quondam，而不写作 condam。写 Caium 和 cnaeum 也是一

---

① 维利·朗古斯：《正字法》(Keil Ⅶ 66)；又阿尔伯里库斯：《正字法》(Keil Ⅶ，310—311)。
② 昆体良：《雄辩术原理》1.7.5。

种古老的习惯，但发音如 Gaium，Gnaeum；今天仍有人遵守这种写法——学者和好古的人。于是，有时，字母并不总是代表单字的发音，而是有时一个字母表示另一个字母的发音，如我们以 t 写 amantium 和 amentium，但把 t 发音成 c。然而，litus 和 Vites 的所有格复数 litium 和 Vitium 不改变发音，以免认为它们是 licium，licii 和 Vicium，Vicii。按照昆体良的意见，前后倒置的 C 表示是一个女性 Gaia，正如 C 表示是男性 Gaius。[①] 同样，昆体良认为，我们应当写作 quicquid，维多里诺[②]写作 quidquid，似乎它分开了而将 quid 重叠，它似乎是加斯帕里诺·巴济扎[③]更喜欢的拼写法。但是，学者们写作 idcirco，而不写作 iccirco，因为与 circaid 完全一样。但是，他们写 quequam，而不写成 quidquam，所以，也不写 nequicquam。以 n 为字头的表数目的字常常也有将 c 改换成 g 的，如在 quadringenti 和 quingenti 中，但是如果前面没有 n，则 c 保持不变，如在 ducenti 和 trecenti 中。

有时，插入几个字母，使发音更好听，如：由 si 和 ubi 组合而成的 sicubi 中的 c；由 idem 和 idem 组合而成的 iden-

---

① 昆体良：《雄辩术原理》1.7.28。
② 维多里诺(Vittorino da Feltre，1370—1446)，著名的人文主义教师，任教于曼都瓦的岗扎加宫廷。
③ 昆体良：《雄辩术原理》1.7.6；马利·维克多利努斯：《文法学》(Keil Ⅵ，13)。伽斯帕里诺·巴济扎是帕维亚和帕都瓦的一名雄辩术教授，他的一篇论正字法的论文对于人文主义者以古典拉丁文的拼法取代中世纪拼法的努力作出了重要贡献。

tidem 中的 t；由 emo 而来的 emptum 中的 p；从不完全的不变词 am 和 eo 组合而成的 ambio 中的 b；从 ob 和 cura 组合而成的 obscurus 中的 s；从 ob 和 equus 组合而成的 obliquus 中的 l；由 di 和 emo 组合而成的 dirimo 中的 r；由主格 boc 变成的 bovis 中的 v。昆体良说，字母 k 是没有用处的，因为在所有的单字中，c 取代了它的位置。① 它也还是有它的用处，例如在 Karolus 和 Kalendae 中，都是写作 k，而不是写作 c。因为正字法是习惯的重要奴仆，我们不应放弃它，因为有习惯是合适的，它是由善人和有学问的人建立起来的，它是我们说话、生活和写作的老师。疑问副词可以写作 c 或 gu，但是如果它有 u，则 u 要重叠，如 quur。以 r 为字头的希腊字需要有送气音 h，如 rhetor, Rhodus 和 Rhadamanthys。Rhenus 和 Rhodanus 也有送气音，因为在古代，日耳曼人和高卢人都用希腊字母，这些河流都是希腊人命名的。

因为提到了送气音，让我们继续将这部分稍微多说一点。所有从 hypo 来的字在字首都必须有送气音，而且必须在它后面写 y 和一个 p，如 hyperboreus, hypotheca 和 hypocrita。同样，从 hippos 来的字要有送气音，但写作拉丁文的 i，并将 p 重叠，如 hippocentaurus、Hippodamia 和 Hippolytus。但是，如果 hippo 是一个复合词的词尾，它的送气音略去（其余的保留），如 Philippus，它是从 philos 即"爱

---

① 昆体良：《雄辩术原理》1.7.5。

……者"和 hippos(马)组成,意思是"爱马者"。① 但是,hy-po 是一个希腊文字的前置词,在拉丁文中它是表示 sub。在拉丁字中,没有辅音字母需要送气音,虽然塞尔维使 pul-cher 成为例外。古人也使 sepulchrum 有送气音。Inchoo 和 incoo 有的有送气音,也有没有送气音的,因为,帕比亚斯认为这个字是从希腊字来的,而塞尔维争论说,它是拉丁字。逻辑要求我们写 mihi,而不写 michi 和 nihil,不写 nichil,因为除了在 pulcher 中外,c 在任何地方都没有送气音,有些字则有送气音,如 inchoo,orcho 和 sepulchro。② 此外,有 4 个辅音字母按照我们的习惯,在希腊文中有送气音,这 4 个辅音字母是 c、p、r 和 t,如 chremes、philosophus、rhetor 和 Thraso。③ 所有来自 archos 的字都有送气音,如 archidiaconus、archipresbyter、architriclinus、archiepisco-pus、patriarcha 和 monarcha;同样,凡是来自 cheiros 的字,如 chiromantia、chiromanticus、chirotheca 和 chirurgia,已从希腊字中接受过来改作我们所用。在 q 似乎要发音的字中,q 要写作 ph,如 phoebus、phaethon、pharus 和 Orpheus,但 filius、fero 和 fama 除外,虽然它们是从希腊字中引进的,但是要写作 f,因为据说 filius 是从 philos 来的,即"爱人",或从 philis 而来,它是"爱情"。Fero 是希腊字,但在第一人称与希腊字毫不相同;有人说,fero、feris、feri 和 fama

---

① 福加:De aspir.(Keil Ⅷ356)。
② 塞尔维:Georg. 2.333;西塞罗:《雄辩家》160。
③ 普里西安:《文法原理》1.24—26(Keil Ⅱ 18—21)。

是从 phemi 而来,它是一个希腊字,意思是"我说",因为 fama 出现在很多人的谈话和演说中。凡是来自 aether 的字,如 aethra 和 aethereus,或来自 ethos 的字,如 ethica,和 ethicus,或来自 orthos 的字,如 Orthographia 和 Orthographus,或来自 theca 的字,如 bibliotheca 和 chirotheca,或来自 theos 的字,如 theologus 和 theologia,或来自 thesis 的字,如 synthesis 和 hypothesis,都应当写 t 并有送气音。

来自 protos、anti、kata 和 meta 的字如 protomartyr、protonotarius、antithesis、anticato、catelogus、metamorphoseos 和 metaplasmus,就不是这样。Y(希腊字母 i)绝不能改变成辅音字母,所以写 Yhesus、Yherusalem 和 Yheremias 的人是不智之举,因为虽然这些字是外来字,它们仍需要我们的 i,它不是外来字母。逻辑不允许将 p 置于 m 和 n 之间,而很多人写 columpna、tirampnus 和 contempno,这种写法是不正确的,我们必须写 autumnus,而不应写 auptumnus 或 autumpnus,它不需要 p;somnium、somnus、alumnus、amnis、omnis、solemnis 和 scamnum 也是如此。在维吉尔的诗中,Mnestheus 奇怪地将 m 保留在 n 的前面。但是,contempsi、contemptum、prompsi、promptum、dempsi、demptum、carpsi、carptum、emi、emptum、campsi 和 camptum 中保留了 p。Pessimus 应写两个 s,而不应写 x;除 maximus 和 proximus 外,任何字都不能以形容词的最高级-ximus 作为字尾。道德性的或模仿性的动词如 matrisso、patrisso 和 fratrisso 可写作两个 s,或写作 z,如在

matrizo、patrizo 和 fratrizo 中，nitor、niteris 这个字，当它与身体的努力有关时，用 x 写作它的完成式，但如与精神有关，nius 中只有一个 s。

但是，关于正字法的通则，我已经给您写得足够了。剩下的关于学习个别单字的拼写，反复读作家的作品就会获得经验。

学习文法时，通常还要指出雄辩术的规则，因为当您读到雄辩家和诗人的作品时，真正的雄辩的力量就显露出来了。在那里可以看到修辞手段、修饰润色和格言，有人受到称赞，有人受到指责，判断和论据随手就是。雄辩术的每一部分都是诗人和历史学家精雕细刻地磨炼成的。但是你在其中可以看到雄辩术的实践，它的理论是雄辩家特别是西塞罗和昆体良所教导的。还有已翻译成现代拉丁文的亚里士多德的《雄辩术》（修辞学）①，它是很有用的，你可以安全地利用这些作家的作品。其他人的作品都是拙劣的，似乎可以"逆教"（unteach），而不是教。例如，有一个家伙最近在维也纳出版了一本新的《雄辩术》，其中混入了很多从西塞罗那里抄来的正确的有益的资料，但是由于其中包含的错讹的字和他所举的例证，它的说教既不正确，又无用处。② 必须避开他和他一类的人。一个人应当饮清泉，而不应当饮用下游的水。因此，您应该学习一些从受过检验

① 此处作者可能是指乔治·特列比藏德于 1443—1445 年为那不勒斯国王阿瑞贡的阿尔方索所作的翻译。

② 也许和早期德国人文主义者彼特路斯·卢德尔的《雄辩术》一书一样。

的、著名的作家那里选取的雄辩艺术的箴言，您应当知道，一位雄辩家的任务是什么，您应当学习怎样正确地发现、安排、修饰、记住和发表一篇演说词的各部分。① 但是，因为我们所要求于您的是一位完美的国王，而不是一名优秀的演说家，我们不要求您有西塞罗和狄摩西尼斯那样的滔滔辩才。然而，我要求您做到这点：您要说话优雅。因为这将给您带来巨大的声誉和好处。但是因为有很多事情迫使国王必须学习，一事不能妨碍另一事，对于一位国王来说，中等的口才就已足够了。

但是，在提出雄辩术的规则时，习惯上是不忽略辩证法不谈的——因为在某种意义上说，雄辩术和辩证法是可以互换的，因为两者都不仅设计和提出论据，而且要答辩，提出指控——所以对一位王室的年轻人来说，学习辩证法的规则并不是离题。您应当受到教导，在领悟了西塞罗定义为"精心的讨论典范"②的逻辑学的各部分之后，可以学习怎样下定义，怎样分类，怎样结合。应当知道，推理的艺术可以用三种不同的方式表现出来，因为一场辩论的进行，或者是提出真实的必要的论据，或者仅是或然的论据，或者显然是虚假的论据。然而，在这个问题上我要说，有些威尼斯人是不值得仿效的，因为他们花太多的时间于诡辩的、无益而琐碎的论据。所以，对他们来说，逻辑学的学问走进了死

---

① 作者从赝品西塞罗的《论公共演讲的理论》中概括了雄辩术的五个部分。
② 西塞罗：《论命运》1.1。

胡同而不会产生任何有益的结果。这就是为什么西塞罗在他的著作《论义务》中并不称赞盖伊·苏尔皮西或摄克斯图斯·庞培,他们过于关心和努力于几何学而对辩证法或民法则关心不足。因为虽然这类学科从事于真理的研究,但是它们与责任背道而驰,研究它们会使我们远离对我们的义务的关注,正如他说,一切美德的荣耀都在于行动之中。① 每一门学科中都应避免过分的模仿,因为,即使这种模仿看来是无害的,它仍然是无效劳动,使我们放弃了有用的事情。这就是昆体良所说的那种人,他用一根针从远距离射鹰嘴豆的颗粒,不断射中。当亚历山大看到他以后,据说,亚历山大给了他一大堆这样的豆粒,这肯定是对这种成就的有价值的奖赏。②

可能要问,一位年轻的王子是否也应学习音乐这门学科,因为它对于治理一个国家似乎用处很小甚至没有用。尼禄和奥古斯都因为过分热心于音乐而受到严厉的批评。奥古斯都受到指责后就放弃了,而尼禄对这门艺术的专心倍增。③ 当马其顿的腓力浦王在一次宴会的中间想纠正某一位竖琴师并和他讨论拨弦的技艺时,竖琴师说:"愿诸神保护您免于这种灾难,哦,国王,您对这门技艺应该比我掌握得更好。"④另一方面,希腊人的领袖因为在一次宴会上

---

① 西塞罗:《论责任》1.6.19。一个主张过积极生活、反对过沉思生活的权威论据。

② 昆体良:《雄辩术原理》2.20.3。

③ 萨力斯布里的约翰:《波利克拉提克斯》1.7.(FL CIC 404B-C)。苏厄多尼:Ner. 20—22。

④ 普鲁塔克:《论道德》67F。

拒绝七弦琴而被人们认为是没有受过教育的人。① 哲学家的源泉苏格拉底在年老时不害怕学习七弦琴②，因为有句谚语说，无知者与缪斯和希腊人保持距离。③ 拉栖第蒙的军队受过使用乐器的训练后总是打胜仗。④ 当时最主要的演说家格拉古在向人民发表演说时命令乐队奏乐。⑤ 大卫王不是精于这门技艺吗？他不是惯用和谐的竖琴缓解扫罗的痛苦吗？⑥ 无疑，莱库古也称赞这门技艺，尽管他制定了对斯巴达人严酷的法律。⑦ 所以，古人有一种习惯，对英雄和诸神的赞美应当在宴会上配合齐特拉琴的琴声歌唱。维吉尔的著作中提到的竖琴师约巴斯（Ioppas）怎样呢？他不是也唱"漫游的月亮和太阳的辛劳"等等吗？我们的著名的作家不是由此肯定音乐与天国的知识连接在一起吗？⑧

但是，面对如此众多的不同意见，我们说什么呢？有些人要求培养这门技艺，而另一些人反对。它肯定不是要受到轻视的技艺，也不要非难它的用处，但过分的练习也要禁止。所以，如果能找到好的导师，也不应回避获得适当的这方面的知识。因为既非无节制的、又非色情的音乐和谐能消除疲劳，鼓舞头脑忍劳耐苦。毕达哥拉斯派正是在晚上

---

① 昆体良：《雄辩术原理》2.20.3。
② 同上。
③ 同上。
④ 同上。
⑤ 奥路斯·革利：《阿提喀之夜》1.11.10。
⑥ 《圣经·旧约·撒母耳记上》第 16 章第 14—23 节。又同 1.1.6。
⑦ 昆体良：《雄辩术原理》1.10.15。
⑧ 昆体良：《雄辩术原理》1.10.10；维吉尔：《伊尼德》1.740—746。

疲劳时和早上起床时演奏柔美的七弦琴以消除他们可能有的忧愁,这正是他们的习惯。① 有些人主张是毕达哥拉斯发明了这种技艺,有些人认为是摩西,还有些人认为是杜巴尔(Tubal)。② 但是我对关于毕达哥拉斯派的这些异教徒的意见感到吃惊,因为所有诗人都宣称,早于毕达哥拉斯不是数年而是数百年的奥弗尤斯在音乐上造诣很深*。

男孩在稚嫩的年龄还应学习几何学,因为这门学科使心智敏锐,使头脑敏于理解。③ 这门学科也包含有算术知识。因为几何学区分为数和形,确定无疑的是,没有人会否认,国王需要有算术知识。所以一位年轻王子同时专心于几何学和算术这两门学科,并不是不合适的。如果任何人认为几何学可以受到轻视,他可以被叙拉古人的证明所驳倒。当马库斯·马塞路斯以攻城器械围攻叙拉古城时,叙拉古人仅仅依靠阿基米得的天才和几何学能力,就延长了顶住围攻的时间。④ 此外,其中还有许多可以学习的东西,它能使我们十分谨慎,因为这门学科通常不允许表面看来

---

① 昆体良:《雄辩术原理》,9.4.12。
② 萨力斯布里的约翰:《波利克拉提克斯》5.7。《圣经·旧约·创世记》第4章第21节。中译者按:《圣经》原文:"雅八的兄弟名叫犹八,他是一切弹琴吹箫之人的祖师。"本文"杜巴尔"之说疑误。
  * 奥弗尤斯(Orpheus),希腊神话中著名的诗人,歌手,亦说是色雷斯的游吟诗人。希腊人认为是荷马之前最伟大的诗人,是音乐和诗歌的发明者。据说他的演奏能使草木点头,石头移动,猛兽驯服。——中译者注
③ 昆体良:《雄辩术原理》1.10.15。
④ 昆体良:《雄辩术原理》1.10.15。这个故事参见普鲁塔克的著作。据说阿基米得运用他的几何学和机械学的知识发明了各种机械以抵抗罗马人对叙拉古的攻城。

似乎是逻辑所允许的东西。谁也不会相信下面这种说法：当几片地段的周围的边界线的长度相等时，边界线所包围的地段的面积也一定相等。但这是错误的。因为边界线所包围的地段的形状不同，它们的面积也就大不相同。根据昆体良所说，历史学家曾认为，岛屿的面积可以很容易从围绕它航行的距离计算出来，这种说法公正地受到了几何学家的非难。因为任何几何图形愈是圆满，它的面积就愈大。所以，如果周边的边界线围成一个圆，它的面积就大于等长的边界线围成的正方形。而正方形的面积大于三角形，等边三角形的面积大于不等边三角形。人们都知道，测量一片长 240 英尺、宽 120 英尺的地段，很容易算出它的周长和周长所包围的面积，但是每边 180 英尺的正方形地段的周边长度和上面的周边长度相等，它所包围的面积却更大。①虽然掌握这门学科是有用的，令人高兴的，但是我不主张在它上面花费时间太多，因为，即使它对于研究这门学科的人是有益的，但对于卷入其中时间过长的人，也可能是有害的。

天文学给人类解说苍天，揭露天体的秘密，所以一位年轻的王子不应拒绝适度地学习天文学。这一学科的知识对于伟大的领导人常常是有用的、吸引人的事。在雅典，当士兵因太阳变黑而感到恐惧并打算逃跑的时候，伯里克利解释了这种现象的原因，从而控制住了军队，而太阳像一个胜

---

① 昆体良：《雄辩术原理》1.10.15。

利者出现了。当路西·包路斯的军队中的士兵的精华因月食而感到恐惧、认为它似乎是上天送来的预兆时,高路斯·苏尔皮西作出了自然的解释,从而使他们的思想安定下来。当叙拉古的狄翁开始摧毁戴奥尼修的暴政时,他也没有被同样的事件所吓倒,因为他曾是柏拉图的学生,精于天文学。如果尼西亚斯在西西里时也懂得天文学,他就不会因同样的恐惧而辜负那支最出色的雅典军队。① 所以,一个男孩也应受到这一分支的知识的熏陶。没有这种知识,就不能完全解释诗人的作品。② 但是我们永远要当心,当从事这门学科的学习时,不要忽略其他学科,也不要让我们对自然科学和沉思的学问的依恋导致我们把道德学放置一旁,分散了我们处理事务的注意力。

也许有人问,怎样学习这些学科?是否能同时学会并理解这些东西?有些人可能会否认这是可能的,因为头脑会被如此多方向不同的学习弄得混乱、疲惫不堪。但这些人不完全懂得人的头脑的能力是多么大,它是如此复杂,如此活跃,如此广泛地好奇,要把它的活动仅仅限制在一件事情上是不可能的,而是不仅在一天的过程中,而且甚至在片刻的时间内能把它的全部力量用在很多学科上,多样性本身就能使精神重新振作,得以更新。如果一个人一整天都不得不忍受一个教师、一门学科,谁不会变成傻子?精神会

---

① 昆体良:《雄辩术原理》1.10.15。
② 同上。

因为变化而得以重新恢复,正如胃会因食物的适当多样性而得以恢复活力,农民同时在田地上培植葡萄、橄榄树和园林,他们照看着草地、畜群、鸟禽和蜜蜂。[①] 气质比青年人更驯良得多的孩子为什么就不能追求不同的学科呢? 我说的不是在同一时刻,而是指同一个时间阶段。而且,在您还是孩子时,管理您的人应该当心,要让您在一整天中听不同教师的课,一会儿专心于文法,一会儿专心于辩证法,一会儿学其他知识。他们不会拒绝您有游戏和锻炼身体的时间。

但是,虽然学习这一类学科智力可以得到很大启发,然而它没有直接表明何者是引以为荣的,何者是引以为耻的,何者是公正的,应选择什么,避免什么。在诗人、雄辩家和历史学家的著作中没有完全确立美德的标志,它们仅仅是暗示。您必须从这些学科中再提升,热情地投身于真正的哲学。这是我们在(本论文的)开头曾提到的一门学科。但在这里,也许您的家族中有人说:“伊尼亚斯,你打算干什么? 孩子已经辛苦地学习了各门学科,迄今为止,你已经举出了其中的七门学科,难道他现在还要着手学习哲学吗? 我们为什么要回到这门学科?”但是这样说的人不知道,哲学家这个名称是什么意思。据说,首创这一名称的是毕达哥拉斯。因为在以前,那时善人和有学问的人习惯上称为智者,为了避免自傲,他要求称为哲学家,即爱智的人,而不

---

① 昆体良:《雄辩术原理》1.10.15。

是智者。① 所以哲学可以译作"爱智学"。智慧不仅包括上面提到的七门学科，而是表明它包括人间的、天上的一切事物的知识，以及这些事物得以继续存在并结合在一起的原因。所以一个人不能因为他学习七科就可以称为哲学家，虽然他将获得一部分哲学知识。哲学家在开始时只注意自然界事物的原因，他们追随米利都人泰勒士，据说他是第一个思考自然原因的人。然后出现了苏格拉底，他从天上把道德哲学唤回到地上。② 其结果是哲学分成两部分，一部分称为"自然哲学"，另一部分称为"道德哲学"。但是随着神圣的柏拉图的天才的到来，决定了它增加了第三部分："理智哲学"。③

但是迄今为止，要从哲学中学习的道德行为我们还很少谈到。这就是我们在本文的末尾——但不是他的学习的终点——再一次把孩子送回到道德哲学的原因。道德哲学会以经过论证了的论据指出应对神圣的陛下表示的敬意，指出我们对父母、长辈、外国人、官员、士兵、朋友、妻子、公民、农民和奴隶应该表现的行为。道德哲学将教您，杰出的国王，蔑视贪婪和对金钱的贪心，正如赛路斯特所说，那是任何一个明智的人都不会贪求的东西。道德哲学将向您提

① 昆体良：《雄辩术原理》1.10.15。
② 萨力斯布里的约翰：《波利克拉提克斯》5.7。
③ 昆体良：《雄辩术原理》1.10.15，萨力斯布里的约翰：《波利克拉提克斯》5.7。"理智哲学"即形而上学。

出忠告，对待妇女要端庄，对您的孩子和亲属要亲爱，仁慈地对待仆人，尊重长者，服从法律，制怒，轻视快乐，同情被压迫者，救济困难者，有功者奖，有罪者罚，使人人各得其宜。更重要的是，道德哲学不允许在处顺境时得意忘形，处逆境时悲观丧气。[①] 它将为您提供一种正直地生活、有效地管治您的子民的方式。所有这些，肯定都不应制止一个孩子去学习，只要为他的教育所挑选的书籍是令人愉快的、明白的、精致的、完善的，如我们在上面关于很多题目所指出的。除了那些以外，还可以增加西塞罗的《图斯库兰讨论集》、《论老年》、《论友谊》以及他所写的关于道德问题的其他著作。辛尼加的著作被认为是有益的，还有普利尼的书信和波厄西的《哲学的安慰》。我不否认，除这些以外，还有很多学者所写的书籍可以放心地给孩子读。但是我坚持认为，教师应作出审慎的判断，他应该确定哪些书是完善的、写得好的、有权威性的。

但是，因为称为"伦理学"的那一部分哲学涵盖了人生的各个时期，它指导青年、成年和老年，我们相信，现在我们已经充分指出了一个孩子应该学习多少以及他应该从何种来源取得他的读物。如果世界的创造者和灵魂的创造者能延长我们的生命，我们将在其他书中更积极地说到您生命的各个时期所需要的东西——除非我们断定，保持沉默是

---

① 普鲁塔克：《论儿童教育》10。

更合礼仪的,而不是在您(如我们的要求)读了很多杰出作家的作品以后再进一步说什么。同时,愿您在孩子时期就努力实践,学习已经教给您的要学的东西,以显示您对本文的其他部分的伟大热忱。再见。

一份教与学的纲要

致尊贵的年轻学生、布列西亚的
马菲奥·甘巴拉

巴蒂斯塔·瓜里诺

　　最亲爱的马菲奥，即使您的性格和能力是如此优美，以致您自动地得出结论，真正的高贵不是来自财富和一个人的祖先①（他们已慷慨地赋予您幸运）的庇荫，而是来自美德，然而，我还是已经知道，从阅读朱文那尔（他对这个问题概括得如此才华横溢）②的讽刺诗中您最近在头脑中形成了一种牢固的观念，竟牢固到这种程度，您已经变得更急切、更热烈地要专心致志于人文学科。因此，我认为，作为一名好教师，我有义务提出使您最容易实现您的愿望的一些方法和学科，正如鞭策一匹已经奋蹄奔跑的骏马③，激励您以加倍的热心去做。所以，我把这本小册子奉献给您，从中您可以学到给年轻人教希腊语和拉丁语的教师和学习这些学科的学生本身这两方面的职能和方法。如果您认为这本小册子中的任何一部分与您不相干，请您相信，我的意图不是打算将这本评述学和教的小书呈奉给您，而更多的是呈奉给您的名下的其他年轻人。请您从中仅仅采取您所需要的吧。

　　我毫不犹豫地确信，凡学会了运用这些方法中的一种方法的人，就可以算做是古今最有学问的人，因为我已经把最有益于教和学的方法综合起来，不仅是按照对您来说几乎无足轻重的我本人的判断，而且也按照学识最丰富的人

---

① 意即世系。古代罗马贵族将他们祖先的死后面型珍藏在室内的神龛里，以便记住他们家族的美德和传统。

② 朱文那尔，8。

③ 西塞罗：《论雄辩家》2.44.186。

的判断,特别是我的尊敬的父亲的判断。您知道,他有很长一段时间真正在当教师。所以,当您读这本小册子时,请您考虑说话的人是我的父亲,而不是我本人。而且请您确信,这里所写的全都是经过长期实践检验过的。但是我要求您不要认为我是在给这本书以虚假的吹捧,我希望只要您自己深入思考这个问题,您就会认识到,孜孜不倦地应用这些规则是正确的。

不过,在我们着手讨论教和学的规则以前,与我们的任务息息相关的就是要忠告年轻人,首先是自动地学到真正的学习热情——这不是教师从外面给予的——像水肿病那样,如奥维德所说:

喝水愈多,愈想喝水。①

同样,他们每天学到的知识愈多,他们就受到激励要攫取愈多的知识并吸收进去,俨如久渴之望甘泉。愿他们永远牢记希腊人苏格拉底的教导:如果你渴求学习,你就能学到很多。他们将立即得到鼓励去获得这种渴求,正如同一个苏格拉底所说,如果他们看到商人漂洋过海去增殖他们的财富,而年轻人走陆路去寻找能增进他们的头脑的教师,这是多么可耻②;如果他们还牢记在心,没有什么所有物比学问更高尚、更牢靠。因为美貌、力量,即使连疾病也

---

① 奥维德:《法斯蒂》,一本关于神话、历史和年历的书。1.216。
② 普鲁塔克:《论儿童教育》7;西塞罗:《图斯库兰讨论集》5.4.10—11。在古代,人们认为海上旅行比陆地旅行危险得多。

不能使之削弱,到老年时肯定也会衰退,而金钱更多是为懒惰提供借口而不是达到美德的手段。虽然陷入极端贫困的人要从贫贱中崛起很不容易,但富裕的人却最容易受到快乐的引诱。当有一个快乐的王国在手时,美德就很难立得牢固。但是,如果由于年轻的虚弱,年轻人缺乏承认这条真理的识别能力,他们的父母就有责任以有吸引力的言辞使他们稚嫩的耳朵习惯于这条真理,用威胁使他们不敢耽于快乐,从而使婴儿时代注入的(学习美德的)热情到年龄渐长时能生长发育,到成年时,他们将听到关于快乐的布道词,他们会从快乐退缩,厌恶快乐如毒药,好像父母的声音仍然萦绕于耳际。①

其次,他们要像尊敬父母一样尊敬老师,因为如果他们轻视老师,他们必然也就会轻视教导。不要认为我们的祖先是轻率的,他们认为教师的地位相当于受尊敬的家长的地位;他们相信,用这种态度,教师就会以最大的爱护和善良的愿望教导他的学生,他的学生就会怀着敬意尊重老师的话,俨如它们出自父母般的情感。② 所以,在这个问题上,他们要模仿亚历山大的榜样,他常常说,他感谢他的老师亚里士多德,不亚于感谢他的父亲腓力浦,因为父亲只给了他生命,而亚里士多德给了他美好的生命。③ 诚然,一个受过这种教育的头脑,它的前程和崇高的希望不仅会超过

---

① 暗指朱文那尔 3.164,一行著名的诗。
② 昆体良:《雄辩术原理》2.9.1。
③ 普鲁塔克:《亚历山大传》8.3。

两个人的期望,甚至会超过他们所祈祷的期望,因为正如赛路斯特所说:"当你应用你的智力时,你就会成功。"①具有十分重要意义的是,不要把初学的学生交给粗俗的没有受过教育的教师,因为这种人的学生,如西塞罗所说:"和交托给教师时相比,成了半傻瓜。"②更不用说他们失去的时间。无疑,其结果将会如乐师提摩都斯所描述的:以后(新教师)要做双倍的工作。首先,他必须使学生忘掉他已经学到的东西,那的确是很困难的,因为按照贺拉斯的意见:

新的陶罐一旦灌进了液体

它的气味就会长期保持不变。③

然后,他的第二个任务就是给他反复灌输更正确的规则,它完成得更加缓慢,因为他要花费时间和努力以消除以前学到的规则。④

应作出一切努力防止孩子受到严厉、粗暴的责打,把它看做是教育性的纪律,这种惩罚有点像对待奴隶。常常出现这样的情况,一个高贵的年轻人变得如此义愤,责打使他在没有接触学问以前就仇恨学问。更有甚者,由于担心挨打,学生不自己动脑筋写作给他指定的演说词,而是用别人偷偷地写的东西去完成作业,这是最有害的致命的事情,这

① 赛路斯特:《人名目录》51.3。
② 西塞罗:Flac. 20.47。
③ 贺拉斯:《书信集》1.2.70—71。
④ 昆体良:《雄辩术原理》2.9.1。

对于教师和学生都是巨大的欺骗，因为前者得到的是虚假的期望，后者是假装完成了他事实上不懂的东西。运用魅力和使他们高兴或（情况允许时）用马上要挨打的威胁恐吓他们的办法将会是更体面更有效的办法。如果一个学生感到安全，不可能挨打，这就为粗心大意敞开了大门。如果是对待能用对荣誉的欲求予以激励的年龄较大的学生，就要提醒他们注意，浪费他们的努力，表现得比其余学生更笨更懒，这是多么可耻。①

为了使他们觉得无知比学问更可耻，最好让孩子有几个学习的同伴，以燃起他们竞赛的精神。最优秀的灵魂出自高尚的羡慕。使他们因被从事同样活动的人胜过而被抛在后面、似乎他们是弱者而以此为耻。所以学生之间的竞争和比赛，使他们更加敏锐。② 然而，我们不赞成在同一时刻同一教师手下有一大批学生学习同样的基础课程。因为当一个教师要满足每一个人并把他的时间分给每个学生时，他就不可能对每个人给予完全的广泛的注意，其结果是，没有一个人被忽视，但也没有一个人受到很好的教导。这是我们对于学习初步识字的人们的忠告，对于那些程度高一些的已经能够听懂关于诗人、历史学家和演说家的讲课的学生，就不大需要了。③ 听众愈多，教师本人就愈会更勤奋地努力教，因为正如奥维德所说："每一个听者都激起

① 普鲁塔克：《论儿童教育》12；昆体良：《雄辩术原理》1.3.13—14。
② 同上。
③ 同上。

热情。"①

　　然而在教前者(初学的学生)时,他应当坚持下述次序:他们应习惯于清楚地、顺利地发出字母和单字的音,但不必过分地准确,因为正如在你的牙缝里咕噜的声音和胡乱发音的字难以听懂,同样对字母的不自然的发音和把音节的发音拖得很长的发音是令人不愉快的,令人难以接受的。其次,应当让学生完美无缺地掌握文法,因为正如建房一样,如果地基打得不牢固,你在它上面建筑的任何东西必然会坍塌。在一个人的学习计划中也是如此。除非学生获得优异的基础知识,再进一步只会使他们更加认识到自己的弱点,所以,要让孩子首先学习名词和动词的变化,没有这种知识,他们就无法理解后面要学的东西。教师不应满足于仅仅教一次(名词动词变化表)。他应当反复地重复,训练孩子们记住它们。像一位精力旺盛的将军,他应检查他们学到了什么,学到何等程度。他自己应该有时出一些词形变化方面的错误,去测试他的学生的知识的可靠性,因为知道别人的错误是熟练掌握的重要证据。

　　文法有两部分。第一部分称为"方法的"(methodical,即方法论),它提出了全部词类的范例;第二部分称为"历史的"(historical),它详细讨论历史知识和过去的成就。一个人可以从很多现存的书籍中学习这些范例,但是在这方面,我的杰出的父亲的《简编》将会提供最大的帮助。其中没有

---

① 奥维德:Pont. 4.2.35。

任何多余的东西。关于正确说话的所有东西，都能容易得到。①

我们希望教师坚持下述习惯做法：孩子们既要做文法练习所布置的书面作业，又要进行口头练习。如果他们仅仅在书面作业中回答问题，当他们被问到时，他们就不知道如何即席回答。他们长大后，将习惯于长时间仔细考虑每一个细节。但是，另一方面，如果他们学会了仅仅靠回忆来回答，他们通常不知道连接音节所用的字母。② 但是，如我们说过的，如果他习惯了同时进行上述两方面的练习，他们就在书面和口头两方面都达到流畅无碍的熟练，也会因不断说拉丁语的习惯而得到很大收益。③

此外，我喜欢学生学一些（句法的）一般规则，使他们更快也更准确地达到规则所要求的结果。④ 例如，学生应掌握所谓"主动"（active）动词和"中性"（neutral）动词之间的区别，即，当说话者是个人时，不论是第一人称或第二人称都不可能用中性动词的被动语态——即是说，没有人能说

---

① 这本参考书是指瓜里诺在威尼斯从教时编写的著名的文法规则，它的基本内容来自普里西安的文法著作，但作了简化，使之与古典的资料相一致。这本书在整个 15 世纪被广泛采用，并于 1484 年出版。
② 意即他们就会不知道怎样使字尾与词干连接起来。
③ 按照这种分法，动词被区分为 5 类：主动动词、被动动词、中性动词、共性动词、异相动词（词形被动而词义主动的动词）。
④ 6 类是：activum simplex（只有宾格中的宾语）；activum possessivum（这种宾格加所有格）；activum acguisitium（有宾格和与格）；activum transitivum（有两个宾格）；activum effectivum（宾格和夺格）；以及 activum separativum（带 a 的宾格和夺格）。

"我被耕种了（ploughed）、你被耕种了"而不犯错误。同样，我希望学生遵守主动动词（active verb）的结构。据说，它们有6类。第一类仅有主语和宾语，而其余各类，除了宾格的宾语外，依次用它们所在的其他格，但第一格（主格）除外。被动语态不大需要学习，只不过是，在任何情形下，当动词变成（被动语态）时，主语和宾语互换格*。教中性动词是很容易的，因为它们遵循几乎和主动动词相同的规则和结构，只是它们的宾语不像在主动动词中那样采取宾格的形式；诚然，称为"及物中性"动词的可以有宾格，但不能像主动动词那样在同一格中管两个字。① 异相动词**遵循中性动词的规则。我举了少许几个例子，以便使我的意思更易于理解。

此外，学生在作这些文法练习时，养成优美地写作的习惯是极为有益的，使他们（例如）常常以动词结束其句子，将从句放在它所从属的分句的前面，因为（用这种办法）以后就可以指导他们达到优美的风格。我们设想，一个有学问的教师没有必要规定学生要有精确的教科书。我在前面提到的我父亲的那本《简编》，很多人想要作很多补充，他们想要愚人把他们当成专家，而专家把他们看做愚人。

为了免于使我的动机显得爱损毁甚于爱真理，我举两个有关的例子。你们知道比较级的规则：第二级变化的主

---

　　* 即主语变成宾语，宾语变成主语。——中译者注
① aro terram 便是一个范例，它与支配两个宾格的 doceo 不同。
　　** 异相动词，希腊文、拉丁文中词形被动而词义主动的动词。——中译者注

格形容词是由所有格加词尾-or形成,但只有在元音字母前有元音的除外。① 这条规则通常被错误理解为"只在-us前有元音的词除外"。然而他们说,tenuis和词干以元音字母为词尾的同样的形容词(的第三级变化)可以变成比较级,似乎这条规则不限于第二级变化,在那里,只有词干以元音字母为词尾的比较级才以-us为词尾,所以,"以元音字母为词尾的词干"和"-us前的词干"变成了同一件事。当他们把他们完全不懂的东西删掉时,他们只不过是显示了自己的无知。这种情况还不是最坏的,因为它还没有引起什么错误。但是他们关于源于父亲的姓的用法所作的草率的补充和他们的拼音如"Tytides"是完全不能容忍的。我想,他们已经发觉了错误的原稿中这样写的字,所以,为了助长他们的错误和在我们的权威之下掩盖自己的无知,他们硬是把词形(form)塞进了文法中。如果他们有一点点希腊语的知识,他们就会知道必须写作Tydides,而不是Tytides。

所以,仅仅从头至尾学一遍这些规则是不够的。如果需要的话,学生应当重温两三遍以上,使他们对这些规则了如指掌,可以立即回想起来。即使学生已转入更高程度的学科,不时要求学生回过头去重新学习这些规则,也是完全合理的。直到在他们的头脑中已如此牢固,时间的间隔、职业——不论多么不同,多么重要——都不能使它磨灭掉。

---

① 即词干以元音结束的词除外。

一旦掌握了这些规则,他们还必须增加一点关于音量和韵律学的知识。这种知识是如此有用,我敢说,没有这种知识的人,就不能公正地被称为受过教育的人,这就是为什么我不能崇拜和充分赞扬古人的细心和审慎的原因。他们即使渴望伟大,却不愿留下这些事情的细节。甚至我们教会的最伟大的台柱子奥古斯丁也是如此。他写了一本《论音乐》,书中解释了诗韵的规则。① 但是,姑且不谈古人的权威,这一学科的完全有用性(事实上是必要性)就容易表明应当多么热忱地学习它,因为没有这种知识,任何人都不能正确发音——或者说,更重要的是,没有人能正确地理解,因为我们可以在诗中发现很多字事实上是有不同的格,虽然它们的词尾发音相同。任何不懂韵律学的人就不能说出它们之间的不同,因为有些字会有完全不同的意义,只有从一个单一的音节的音量才能识别它们。

总之,纵然它是完全无用的,这种知识至少也是为了取乐所必需的。正如已在奏笛这门技艺上获得了一些知识的人比一个新手对奏笛更感兴趣,同样,在读诗时,一个懂得诗律的人比不懂诗律的人更能感受到诗的甜美。这种知识不仅对诗歌有用,它对修辞学家所称的以音步为基础的散文韵律也是有用的。凡不懂得有韵律的散文的人也肯定不能自己写散文。为此目的,那本据说是亚历山

---

① 奥古斯丁:《论音乐》3.7—4。

大①所写的论诗的书也不是毫无用处,学生也会从中获得一些关于过去时态的规则、名词的性和词尾变化方面的一点知识。除了它所有的东西都是采自普里西安这个事实以外,用诗写成的东西也易于记忆和记住。事实上,在我们看来,不懂得希腊文(我们将简要地讨论这门学科)就不能正确地理解普里西安。但是,一旦学生获得了一点通常称为音步划分(scansion)、计算音步的初步经验,他们就能通过经常读诗掌握其余的诗律。为此目的,他们应记住维吉尔的诗,以便根据最优秀的诗人的权威和榜样学习每一个音节的音量。他们还应该练习背诵它们,以便通过经常的复习,仅仅通过吟唱字词就能知道音步的音量。他们可以从写过这个问题的其他作家学习其他种类的诗。在这一最有用的知识部门,他们应当全都有所涉猎。

在这里,我愿高屋建瓴地发出一个警告,如讽刺诗人所说:

请相信我背诵一页女预言家的话给你听。②

诚然,我要大声地宣告:不懂希腊文,任何人都不可能完全获得关于诗律的基础知识,不可能深入到诗韵的精髓。我知道有很多人说,那对于拉丁文学是不必要的。这些人就是自己不懂希腊文并要求别人个个都不懂希腊文的人。这

---

① 这本书是指维勒丢的亚历山大写于 1199 年的教义(Doctrinal)。
② 朱文那尔,8—126。

样一来，即使人们不会认为他们胜过别人，也不致被人认为比别人差。至于我，在我有生之年，我都要坚持这个“错误”（如果它是错误的话），我相信希腊文不仅是有用的，对拉丁文学也是绝对必要的。姑且不谈这样的事实，即不懂希腊文的人常常粗心大意地把长音的字写成短音，因为他们既不懂双元音，又不懂其他正确写字的准则即正字法。我们必须承认，我们的词汇大部分都是来自希腊文。在我们的作家的作品中，可以找到很多段落，不懂希腊文的人是无法解释的。维吉尔称他的家世是对蹠地的 Avernus，这是一个来自希腊文的字，因为鸟不能在它上面安全地飞翔①——如果学生没有学过鸟（avis）在希腊文中叫做 ornis，他当然就会误解。奥维德说，毒草乌头属植物是守卫冥府的三头狗的唾液中长出来的，“乡下人谨慎地称之为 aconite（乌头属植物），因为它是从坚硬的不朽的岩石中产生出来的”。② 如果不知道“岩石”（rock）在希腊文中叫做 akone，谁能破解这个难题？奥维德说，麦加拉的国王尼苏斯的女儿叙拉变成了一只鸟，称为“来自断发的”③的西丽斯。如果不懂得“我剪断”在希腊文中叫做 keiro，肯定就没有人能理解。在《法斯蒂》（*Fasti*）中，同一作者还主张，维纳斯（Venus）的名字来自海的泡沫。④ 除非给学生解释“阿

---

① 维吉尔：《伊尼德》6.239—242。

② 奥维德：《变形记》7.418—419。

③ 同上。

④ 奥维德：《法斯蒂》，一本关于神话、历史和年历的书，4.63；参见柏拉图：《克里底亚》406C。

芙罗蒂特"(Aphrodite)是来自 apo tou aphrou,学生是不能
理解的。

所以,如果他们回想起,在雄辩家和诗人的作品中有某
些希腊文的词形变化在拉丁文中我们没有规则,他们就必
须承认,引导他们的是他们意识到自己的无知,而不是他们
的理由的正确性。维吉尔以宾格和所有格提出了 luctifi-
cam Allecto[1]、nomine Dido/saepe vocaturum[2] 和 Mantus
filius[3],而雄辩家们提出了 rhetoricen、dialecticen 以及其他
这种类型的词形变化。要列举很多这一类的例子对于本文
是不必要的。我们追随老一辈学者的榜样,他们中没有人
是不懂希腊文的。我们也追随昆体良的权威,他说,我们的
文学是从希腊来的。[4] 我们也追随西塞罗的权威的榜样,
他认为,如果加图演说更多是用(西塞罗的)《论老年》这本
书中的知识,而不是他惯常那样用他自己的书中的知识[5],
希腊文学就应该受到信任。我们也追随贺拉斯的规劝,他
要求:

> 不分昼夜地翻遍希腊文的典范著作。

因为

---

① 维吉尔:《伊尼德》7.324。
② 同上。
③ 同上。
④ 昆体良:《雄辩术原理》1.1.12。
⑤ 西塞罗:Acad. 2.2.5;又同一作者的《论老年》8.26。加图在年老时还努力学
　习希腊文。

缪斯女神将天才给予希腊人,她给了希腊人以流畅、优美地演说的能力。[①]

就我的贫乏的智力的判断力所能允许,现在我要指出学生可以怎样学习希腊文。确实,我不会忘记,昆体良教导我们从希腊作家的作品开始。由于下述原因,这对我似乎是过于困难:希腊语对于我们不是惯常使用的语文,所以,除非在拉丁语文方面先有了些初步知识,我不知道怎样才能让孩子学习希腊语文。所以,我说服我自己,昆体良给予这个忠告,是因为在他的时代每个人都懂拉丁文,学习希腊文不需要克服很大困难。[②] 另一方面,我看到了一些学生,他们在我的父辈中最优秀人物的教导下——这个人的希腊学问和他的拉丁文知识一样多——在他们学会了拉丁语的基础上,在一年之内就在希腊语方面取得如此之大的进步,以致他们完全靠自己的力量把看到的书翻译成拉丁文,而且翻译得如此正确和可靠,以致每个人都立即为他们的努力喝彩。再者,让学生学会希腊语,但不是用希腊人教希腊语的那种混乱的、漫无次序的方法,而是要把我们的父亲的老师曼努尔·克里索罗拉斯以综合整理了的形式收集到的规则交到学生手上,或者将《简编》的热爱者、我父亲自己从克里索罗拉斯的规则提取的精华[③]交到学生手上。在教他

---

① 贺拉斯:《诗艺》68—69,323—324。
② 昆体良:《雄辩术原理》1.1.12。
③ 这里提到的参考书是指克里索罗拉斯的 Erotemata,一本以问答体写成的希腊文法要义和瓜里诺在威尼斯执教时编写的缩写本,该书于 1484 年在威尼斯出版。

们时，应告诉他们怎样从某一通用原则中推演出动词的时态变化，教他们知道希腊人称为 anomala①（不规则变化）的动词，对它们了如指掌。因为用这种方法，他们只需要稍看一眼就很容易区分名词、动词以及动词的时态，这对于希腊语是十分有用的。他们将在教师经常的仔细的提问下掌握这些东西。

下一步，他们应逐渐过渡到读作家的作品。他们首先应从较容易的散文作家的作品入手，以保证他们不致因沉重的思想而陷入困境，从而忽略了我们在开始时对他们的主要要求，即强化他们对文法的掌握。如果某一作家的作品证明特别困难，应该在以后再学。其次，学生要读诗人中的王子荷马，学他的作品不困难，因为他的作品似乎是我们所有（拉丁文）作品的源泉。学生会乐于看到维吉尔对荷马的模仿，因为《伊尼德》好像是荷马作品的一面镜子。维吉尔的作品中几乎没有什么东西不是与荷马的作品类似的。不仅是题材相类似，他们还会看出很多诗句是逐字逐句从荷马作品中翻译过来的。对于狄奥克里特的《伊迪尔斯》（*Idylls*）和赫西俄德的《工作与时日》，维吉尔也是这样做的。然后，让他们努力学习其余的史诗、悲剧和喜剧作家的作品。

（在希腊语学习中）学生的首要任务是搜集那种语言的丰富的多种多样的词汇（它的词汇异常丰富），不是要把它

---

① 指不规则动词。

背下来,而是要记录下来。如果把词汇按一定的顺序排列,就更容易随手可用。持续不断地努力写,会在头脑中记得更牢。发音(那种语言的发音是很丰富的)就会充分记下来。万一忘记了(因为记忆总是不可靠的),他们就总有地方找到它们,如像一个库房一样。由于这个理由,如果他们一开始就学会写而有足够的写的练习,益处是不小的,也会提高他们的阅读能力。诚然,当他们已取得一些进步之后,就必须着手从希腊文译成拉丁文或从拉丁文译成希腊文。这种练习容易使他们掌握一批恰当的、有特性的而且对口语的熟练和流畅有益的词汇。因为有许多读者可能看不出的东西而翻译者不会忽略过去。①

　　然而,我们不希望他在学习希腊语时完全忽略拉丁语。他们可能由于没有练习而忘掉后者,很可能又要从头学起。但是,一旦他们掌握了希腊语文法,就要让他们继续学下去,并学习普里西安和其他(拉丁语)文法家的著作。他在初学时以简单的形式学到的东西,在那里可获得对问题的更详尽的探讨。他们会看到,优秀作家的权威著作中有很多东西,由于他们花在文法学习上的时间很短,以前都不知道。同时,他们应当以西塞罗的书信为基础写作演说词,那些书信会教给他们优美而流畅的文风、用词风格的纯正和厚重的学问。如果他们将这些信背诵下来,在文笔流畅方面将收获惊人的奖赏。然而,谁也不要认为华丽的文风(西

---

① 西塞罗:《雄辩家》8.25。

塞罗称为丰满的)仅仅依靠花在《书信》上的练习。那种文风来自广泛的和多种多样的读书,如贺拉斯所证明:"知识是优美写作的源泉和根本。"①

这就是为什么在现在这个节骨眼上要给学生介绍我们称之为"历史"的文法的其他部分。正如他们以综合的形式学习文法的其他规则,同样,他们应该首先细读历史事件选集的作家的著作,典型的要把瓦勒里·马克西姆和茹斯丁的书交给学生。这些著作会把罗马的和非罗马的历史的概略呈现在他们心目中。瓦勒里·马克西姆还会给学生各种有关美德、杰出的言行的范例来为他们的文风润色。然后,他们应依次学习其余历史学家的著作,从中摘录各民族的习惯、风俗和法律,降临到各个天才人物头上的命运和他们的功与过。这种练习对日常说话的雄辩有力大有好处,在范围广阔的各种事务上获得精神的美誉。

在他们赞美精心虚构的俨如实事的寓言故事时,大约在同时,他们应依次通读所有诗人的作品,要把这些东西与隐含在虚构故事中的日常生活的教导联系起来。诚然,西塞罗坚持认为,诗中的虚构是为了使我们能深思虚构人物与日常生活的相似之处。② 甚至圣哲罗姆在写给芙丽亚的关于坚持守寡问题的信中③,也主张特仁斯的这种观点。在要求她避免喝醉时,他引证了喜剧诗人的权威("没有西

---

① 贺拉斯:《诗艺》68—69,323—324。
② 西塞罗:《论神性》2.24.63—25.64。
③ 即保持贞洁,避免结婚。

理斯和巴库斯*，维纳斯发冷了"）。"（特仁斯的）目的是"，哲罗姆说，"认识和描述人的行为。"①从诗中，学生也应当收集河流的名称和位置、山脉、城市和国家。

甚至奥古斯丁的权威也确信，学习应从维吉尔开始。他写道："这就是为什么儿童要读维吉尔的诗，以便使他们从早年起就沉醉于这位一切诗人中最伟大的、最著名的、最优秀的诗人的作品。"②也许，把路坎留到学习雄辩术课程以后，也说得通。正如昆体良所说："应当模仿他的是雄辩家而不是诗人。"③然而，我坦率地认为，路坎有他的长处，如果你深知他，你就已经可以被认为是有学问的人，特别是在关于雄辩术的审议类方面。④ 他的演说词是如此庄重，设计是如此精明，以致人们怀疑，雄辩家的规则是否可以从其他人那里找到更清澈透明的例证。维吉尔之后，斯塔西的《底比斯围城记》（*Thebaid*）依次紧接其后，因为它的写作是模仿《伊尼德》，学习它可以费力较小。从奥维德的《变形记》（*Metamorphose*），他们可以选择神话和少量别的内容。但是对这些神话，他们应当以极大的热情投入其中。他们应当懂得，它们不仅仅——如有些人所认为的——适合于

---

* 西理斯（Ceres）是罗马神话中司谷类的女神，犹如希腊神话中的 Demeter。巴库斯（Bacchus），罗马神话中的酒神，犹如希腊神话中的 Dionysus。——中译者注
① 哲罗姆：《书信集》282。特仁斯：Eun. 732。
② 奥古斯丁：《上帝之城》1.3。
③ 昆体良：《雄辩术原理》10.1.90。
④ 即雄辩术中关于审议的一类论题。雄辩术的这一部分是讨论在审议的大会上怎样发表演讲。

诗人,因为甚至西塞罗也经常用神话装饰他的演说词和其他著作,好像它们是珍宝。当他们能自己阅读时,他们会对奥维德的其他著作感兴趣,但他们至少应有《法斯蒂》(一本关于神话、历史和年历的书)供随时使用。其中有些少为人知的神话和历史,对于年历的记述也很详细。但愿这本书能完整地传到我们手上,因为再没有其他教科书能更丰富地向我们介绍古代的习俗和宗教礼仪。

由于其中的神话和格言,辛尼加的悲剧作品是绝对有益的。它们很适合于生活和日常的谈话,因为它所包含的内容都是严肃的,其中没有轻浮、下流的东西。从措辞的纯正、优美和贴切而言,没有人比特仁斯更合适。西塞罗经常引用特仁斯的格言,而西塞罗的《李利》(*Laelius*)明确地表明了西塞罗引用特仁斯的兴趣。[①] 所以,应通过不断的阅读把它记住。我也不担心将他与讽刺诗的王子朱文那尔相提并论。有这两位作家的作品可供随手使用,就可以相信,不仅能在日常谈话中就任何一个问题发表滔滔不绝的谈话,而且有一些适合于每个问题的格言。谁也不要因为他在有些地方对某些恶行的攻击过于明显就不读这位讽刺家的作品。首先,他只是偶然如此。其次,我们应当憎恶那些作恶的人更甚于憎恶攻击恶行的人。一旦去掉了那些瑕疵(我们说过,它们很少),我们就找不到任何不值得称赞的东西和完全不适合于一个基督徒的东西。普劳图斯是大有裨

---

① 西塞罗:《论友谊》89。参照西塞罗:Att. 7.3.10。

益的，不仅是由于他的装饰生活的戏谑语，也是由于他的雄辩。古人对他的地位评价很高，他们竟常常主张："如果缪斯女神要说拉丁语，她们就一定是像普劳图斯那样说。"①马克罗比也主张，古代最有雄辩口才的两个人是"喜剧作家普劳图斯和雄辩家西塞罗"。② 在我看来，贺拉斯除了对写诗艺术具有卓越的理解，还会增强措辞的得当。你也很难找到另一个人在改革性质形容词方面能更准确地坚持维吉尔的观点。此外，佩尔西为我们提供了很多理解其他讽刺诗人的东西。诚然，虽然他的作品简略，并且晦涩不清，然而他用他的题材的多样性对这点作了补偿。

当然，其他诗人也都各有用处，但在其他时间学习更为恰当。然而，因为在诗人作品中有很多涉及占星术和地理学的东西，学生彻底知道《论天体》③这篇论文，注意庞波尼、麦拉、海吉努斯、索力努斯、马蒂亚努·加倍拉和斯特拉波（我父亲最近把他的著作译成了拉丁文④），都是必要的。为此目的，让学生熟习托勒密的世界地图是绝对有益的，以便他们在描绘不同的位置时，在他们心目中想起那份地图的形象，好像是在看着真正的地图，似乎人们真的就在眼前。用其他办法描绘世界只会导致混乱。

---

① 昆体良：《雄辩术原理》10.1.90。
② 马克罗比：《讽刺诗集》2.1.10。
③ 《论天体》即萨克罗波斯柯的 De sphaera，一本关于天文学、地理学和地图绘制的通俗拉丁文手册。在 15 世纪中叶，列奥纳多·达蒂摘译成意大利文。
④ 老瓜里诺将他用拉丁文翻译的斯特拉波的《地理学》献给教皇尼古拉五世（1446—1455）。

　　迄今为止，我想，显然可见，任何受过上述训练的人已做好了学习雄辩术这门学科的准备。一旦他掌握了说话的艺术，他不仅能理解西塞罗的演说词，而且，作为他已经学习了各种事物的结果，他现在也掌握了丰富的词汇和精雕细刻的艺术的文风，除了西塞罗的《献给盖乌斯·赫瑞纽斯——论公共演讲的理论》，学习这门学科再没有比这更有益、更合适的教科书。该书完美而简要地提出了雄辩术的所有部分。① 更应该以该书中的某些内容为基础写作演说词。一切教育都应当适应于实际的练习。以后要掌握西塞罗关于雄辩家的教育的其他书籍，对照他的演说词和那些规则，就是一桩简单的事。同样，研究昆体良的著作也就容易了。关于这一学科，他是极优秀的作者。

　　西塞罗的所有著作都要系统地读，它们全都是有益的、流畅的，永远不要把它们弃掷一旁。它们充满了道德哲学（这也是雄辩家的重要课题）。如果学生也掌握逻辑和亚里士多德的《伦理学》，然后是柏拉图的对话集，这将是最好的事。西塞罗本人似乎也从柏拉图的源泉中吸收了各种东西，他如此彻底地模仿他，以致这位罗马作家竟然也像柏拉图那样，根据他的主要对话者和题材命名他的对话集。西塞罗的所有著作都是特别优秀和有益的。但是，依我看，首推他的《论责任》和《图斯库兰讨论集》，前者因为它的箴言

---

① 佛罗伦萨国家图书馆 MS NAZ 11.1.67(olim Magl VI 25)包括巴蒂斯塔记录的瓜里诺对西塞罗的《论公共演讲的理论》的评论。

适合于生活的每一个方面，后者因为它所包括的范围广泛的知识和其中的箴言，这些箴言慷慨地给我们提供了丰富的题材，几乎涉及一个人所能写的每一个主题。如果学生要学习民法，在分析案情、解释法律条文方面，雄辩术的用处是很大的。一旦他掌握了所有这一切，就不再需要教师了。他们自己就能读其他书籍了。他们就有能力自己读，自己理解。

　　至于其余的事，我想，因为我们已经极其充分地指明教师应当怎样教他的学生，剩下的就是解释在学习中年轻人应当怎样自处。我们主张，首要的、最有益的箴言是：一切事情都要指向一个目的或目标（希腊人叫做 skopos），即年轻人应当牢记在心，总有一天，他们自己要成为教师。① 有的人认为，他的学习永远不需要像报账那样一笔不漏，他会跳过很多东西，多数事情都会轻率地、肤浅地匆匆掠过，如他们所说，像泥腿子一样②；他不会深入探究任何事情，不会深入事物的本质。但是，有些人相信，如果他要把他所教的东西教给别人，他就不会放过任何东西不去讨论，他就会想象可能出现的一切问题，俨如是在与自己对话，努力在争论中引出真理。还有，为了进行练习，如果学生把他们听到的东西叙述给别人听，这是最有益的。因为正如昆体良所说，取得进步的最佳方法就是把你所学的教给别人。

---

① 在意大利文艺复兴时期的学校中通常由年长的学生协助教师教年幼的学生。
② 意思是没有经过礼仪上的净化或适当的准备（引用奥路斯·革利的一句成语）。

　　但愿他们不要满足于仅仅听老师讲,要让他们自己学习对作家的评注,对它们的格言和词的意义如他们所说的"寻根究底",要他们特别用心于注意新的格言。把书中的评注记下来是极其有益的。如果希望有朝一日把它们公开发表,就更应如此。因为,我们在追求荣誉时,就更会留意这种事情。这种摘记会奇迹般地使人更机智,更会说话,写作更流畅,导致精确的实际知识,加强记忆力,最后,好像是给学生提供一间评注的贮藏室,帮助记忆。

　　一旦他们开始自己学习,他们就用功读多方面的著作,如革利的著作,马克罗比的《祭农神节》和普利尼的《自然史》(一本其多样性不亚于自然界本身的书)。我们还要给这个书目加上奥古斯丁的《上帝之城》,一本充满了历史知识和古代的礼仪及宗教知识的著作。[①] 但是,他们应坚持对所读的东西做摘录这种习惯。他们应相信普利尼的名言的正确性:"任何一本书都不会坏到毫无用处。"[②]古人是如此注意这种学习方法,老普利尼给他的侄子留下了 160 本每一页两面都写的摘录选段的笔记本,有一次在西班牙,大普利尼以 40 万塞斯特尔斯把它们卖给了拉西·李西努斯[③],他们要特别将那些值得记下来的和罕见的东西摘录下来。如

---

① 老瓜里诺正式讲授过奥古斯丁的《上帝之城》。第一讲的讲义现仍保存,收入 K. 默尔纳的《意大利人文主义者讲演与书信汇编》(维也纳,1899 年,慕尼黑 1970 年重印)。

② 小普利尼:《书信集》3.5.10。

③ 同上书 3.5.17。

果学生在广泛阅读的过程中能把与某一问题有关的格言记录下来,把它们集中在一个特定的地方,在晚上把白天读到、听到的任何优秀的东西加以复习,像毕达哥拉斯派那样,这种方法也大大有助于发展丰富而敏捷的用词。这种方法将这些观念印入记忆中是如此牢固,以致只有经过最大的困难才能消除掉。如果他在每个月的固定日子重新回忆所有这些箴言,形成的印象就更加牢固。

只要他们不要总是希望有教师指导(在他们已打好基础之后),他们就会在希腊语方面取得快速的进步。他们应当用已经翻译成拉丁语的书自己学习,以取代教师。他们能从按拉丁文学习并将它与希腊文作比较中自己学会词汇表。有一些书,特别是祭祀的书,其中一首用拉丁文翻译的诗,不是比希腊文原文多一个音节,就是少一个音节。这种书极好地适合于上述目的。我知道有一些人,完全没有教师,用这种方法获得了丰富的希腊文知识。

他们要勤奋地读希腊文,因为,如果拉丁语不用也会忘掉,那么对于一种不是我们天然就有的语言,这意味着什么呢?学生不应默读,或在喉咙里咕哝。因为常有这种情况,如果一个人甚至听不见自己读书的声音,他就会跳过很多行诗,好像他是在别的地方读。大声读出来对理解大有好处,因为发出声音来像是从外面听到的声音,使我们的耳朵强烈地鞭策头脑注意。它甚至有点有助于我们对某些事物的领悟,大约也有助于我们对自然的奥秘和医学要求的权威性的领悟。普鲁塔克甚至说,声音是空气的运动,它强化内脏（不是从表面上，而是从内部），增加热量，稀释血液，净化所有的静脉，扩张动脉，不允许水分在吸收和消化食物的脉管中停止不动。[①] 普利尼也说，他一遍又一遍地读希腊文和拉丁文，大声而且聚精会神地读，不是为了他的声音，而是为了他的胃。[②] 阿里斯同也常说，"除非把污秽物去掉，无论是洗澡还是谈话都毫无用处"。[③] 然而要注意，不要使声音成为隆隆大声或高嗓门，过度的张力会使声带撕裂甚至导致嘶哑。一般说来，如果学生习惯于在大庭广众中读，就会产生在发表演讲时的勇气，如我们看到的，这是现时很多人所缺少的东西。然后还有艾索克拉底，西塞罗毫不犹豫地称他为"雄辩之父"。[④] 据说他在这方面是如此没有经验，他不能凭记忆发表任何一次演说[*]。

在阅读时，在读完一个被称为尾韵句（clausula）[⑤]的长句以前不要中途停顿。如果第一次遇到一个句子不懂，就应更集中注意力地反复再读二到三遍，直到它的意义被攻书者的勤奋逼得驯顺地显露出来。学生不应当像我们听说的某人在数年前读西塞罗的《论雄辩家》时所做的那样，即是说，仅仅崇拜他的文字和措辞的顺序而完全忽略了其意

---

① 普鲁塔克：《论道德》130B。

② 小普利尼：《书信集》9.36.3。

③ 普鲁塔克：De rect. rat. 8（论道德 42B）。

④ 西塞罗：《论雄辩家》2.3.10。

 * 艾索克拉底在雅典开办了西方的第一所高等学校——雄辩术学校，教人撰写演说词。他本人并不长于演说的实践。——中译者注

⑤ 尾韵句即一个句子以韵文结尾。用于尾韵句中的正确散文韵律是中世纪雄辩术手册中一个主要论题。

义。学生倒是应当模仿渴得发焦的人,他一面痛饮以解喉焦之渴,一面称赞水杯的浮雕工艺和装饰。因此,学生首先要吸收观点和道德内容,然后才注意文字的华丽。有些动物以花为食,如蜜蜂;有些动物以枝叶为食,如山羊;有些动物以植物的根为食,如猪。学生应以消费所有这些东西者作为自己的典范。他要记住在叙述文中所说的有特点、有独创性的内容;他应注意文章的纯正和优美;他应把包含有勇敢、谨慎、正义和节制的格言记录下来。

他应当认为,诗的效能类似于人们所说的章鱼头。因为关于自然界奥秘的权威人士说,章鱼头成为盘中餐时,其味甚美,但是它使头脑产生难以忍受的幻觉和最强烈的幻象。同样,诗以最美味的食物滋养人的头脑,但也与它一起吸收同样分量的混乱和焦躁不安。因此,在读诗时,要控制自己的头脑,不要被对神话的热情所裹胁,可以说是赤裸裸地去理解这些想入非非的幻想。① 他们应当经过分析,逐一地检验它们可能产生的效果。学生应当尊重加图的态度——那也是色诺芬在写作《居鲁士的教育》时的态度——他还是个孩子时,总是服从教师的命令,但又总是要求把命令的理由解释给他听。② 诗里面不敬、残忍、不公正或可耻的叙述,不要从缺点的角度去理解,而是要从艺术的观点去考虑,把它看做是对于各个角色是得体的,我们看到这种情

---

① 即按照字面上的本来意义理解。
② 色诺芬:《居鲁士的教育》1.4.3;普鲁塔克:Cat. Min. 1.5。

况也发生在其他事情上。有一些事情,当它们真正出现时,我们的头脑因恐惧而为之退缩。但是,当我们知道它确实是虚构时,我们想到或听到它们时就觉得有趣。我们了解,我们的克里索罗拉斯常常说,当我们看到画得逼真的蝎子和蛇时就感到极大的愉快,虽然我们一看到真实的蝎子和蛇时就赶紧跑开。当我们听到猪的呼噜声、锯子的飕飕的尖声、哨子风呼啸的声音时,感到烦躁。但如果有人用自己的声音模仿这些噪声时,我们就感到某种程度的乐趣。但是,在作家的作品中找到的适合于我们的生活方式的东西和有关理性地履行美德的东西,我们要记住。

最重要的是,必须使学习的过程有条不紊。学生不应当不加区别地胡乱读书。他们应当给特定的阅读规定固定不变的时间,这是要完成一系列的阅读和完成功课的唯一的最有用的方针。如果一个人在固定的时间读一点或写一点而坚持不变,这种办法的好处就能容易地被充分理解:几天之后,他就会看到他的收获有多少。赫西俄德吟咏的正是这件事(正如我的父亲翻译的):

> 一点加一点,永远不间断,
> 积少可成多,积土可成山。[①]

但是,从其他情况还可以看到,没有什么东西比希腊人

[①] 赫西俄德:《工作与时日》361—362;普鲁塔克:《论儿童教育》,13。老瓜里诺翻译的是普鲁塔克的作品,不是赫西俄德的《工作与时日》。

所说的 ataxia（杂乱无章）更无用、更难看的。一支歌唱队中，如果每个人都是随心所欲地唱，这就是一支由发出不和谐的噪声的、很多不同的人所组成的歌唱队，使人听起来感到混乱、不愉快。但是，如果每个人都按照指导在规定的时间和地方唱，就会从众多的声音中发出悦耳的、一致的和音。也可以在一支军队中看到同样的情形。如果士兵们任意地漫步而不注意他们的队形，他们就是给敌人以容易取胜的机会，使人看到一副可耻的景象。当骑兵、步兵、车辆、仆人和行李都乱七八糟地运行时，一旦战斗开始，即使对自己也是一个障碍。另一方面，一支井然有序的部队，当人们看到骑兵、护卫、弓箭手、投掷手都各就各位而保持秩序时，就会给朋友带来希望，而给敌人以恐惧。总之，这种井然有序在调节我们读书时的用处不亚于在其他事情上的用处。除非我们把时间安排给特定的读书项目，头脑就会被众多的书籍所分散。想在同一时间内学习很多事情，在思想上同时领悟它们，其结果就是我们不能单独地集中思想于任何一部分的阅读。而且，因为我们要在晚上回忆白天所学的东西，如果每样东西不是一个部分、一个部分地逐项学到的，也许我们就不能毫不含糊、毫无错误地把在每一本书中读到的东西按照单一的视角集中起来。

我们最后要补充一件事——是我们的计划中最后的，而不是它给予的好处是最后的——我希望，与其把它理解为规则，不如把它理解为劝告。这就是，学生应当考虑到，没有什么比休闲时读书更惬意的。如西塞罗说，它"激励青少年，使老年人高兴；处顺境时，它使你增光添彩，处逆境时，它给你提供庇护和安慰；它给家里增添快乐，而又不分散对公共事务的注意力"。① 由于这个理由，学生不应当让时间白白流逝而不读书——要把这看做是他们的功课、他们的工作和他们的休息。愿他们把醒着的时候甚至睡眠的时间用于学习。因为，当他们需要休息时，除了把他们的休闲时间用于学习这种每个人总是认为既十分有益又特别令人愉快的活动，还有什么更体面的事情可做呢？愿学生把别人用于赌博、运动或观赏奇景的时间用于复习他们的功课。在书中，他们不会缺少风景、奇观、奇迹和值得崇拜的人物。只要他们沉浸于书中，他们就不会为他们听到的、他们所说的感到遗憾。在那里，没有人恶意地诽谤任何人，他们自己也不会批评任何人。他们不会被希望的落空和恐惧所苦恼，也不会被谣言所搅乱。他们将只与自己以及与和睦的人说话。他们甚至与死人说话，这是别人不做的。这就是小普利尼所称的高贵的、纯正的生活，这就是他所称赞的"美妙的、体面的、比几乎任何工作都更有吸引力的休闲"②，这就是阿蒂利所提到的既机智又明智的说法，"无事可做比无事忙更好"。③

这就是为什么老普利尼认为，一切不是用于学习的时间都是时间的浪费。他是如此在意他的时间，据说，他经常

---

① 西塞罗：Arch. 16。
② 小普利尼：《书信集》1.9.6。
③ 同上书1.98。

因他姐姐的小儿子小普利尼散步而指责他,理由是,那是浪费时间。[①] 诚然,有一次,当他要别人用古人的习惯朗读一本书时,希腊人称之为 anagnostes 的那位朗读者"有几个字的发音读错了,他的一个朋友中止了他的朗读,要他把那段重读一遍"。普利尼对他说:"你没有听懂吗?"当他承认他已经"听懂"时,(普利尼继续说)"那么,你为什么要中止他的朗读呢? 由于你的干扰,我们少读了十几行诗"。[②] 死后被称 Uticensis 的加图也是如此。据说,他有在元老院的门厅里读书的习惯,以便在召集元老的间断时间内不致浪费时间。[③] 据说,狄奥弗拉斯图斯曾指责纳图列(Nature),因为她为不需要活很长时间的乌鸦和鹿花了很多时间,但对于需要很多年月以学习数不清的东西的人却只花了很短的时间。[④] 一位严肃的哲学家作这种抱怨是否合适,这是他的事情。但是,为了我们自己,让我们主张这样的观点,狄奥弗拉斯图斯所痛惜的那段很短的时间必定是白白度过的。其他有生命的动物都有本身天生的能力,如马生而有跑的能力,鸟生而有飞的能力,但是人却天生赋有认识的欲望,人之所以为人者盖在于此。因为希腊人称之为 paideia,我们叫做学习和讲授自由人学科(liberal arts),古人也称之为人文学科(humanitas),因为在一切生物中,对知识

---

① 小普利尼:《书信集》3.5.16。
② 同上书 3.5.12。
③ 西塞罗:Fin. 3.2.7。
④ 西塞罗:《图斯库兰讨论集》3.28.69。

的专心仅仅赋予了人类。这一类学问比知识的其他分支更
具有多样性。但是我希望,现在正在能理解文学的年龄阶
段的人将会从学习中获得这样的意向,即今后他们将不怎
么需要我们的鞭策。现在让我们的文章到此结束。

亲爱的马菲奥,您已经从您的老师那儿获得一件礼物,
您将看到它的内在的用处比它表面上所应允的要多得多。
因为,这是教的纲要和学的规则,这是既有学问又很出色的
我的父亲——在书本知识的学习上似乎是您的祖父①——
经常教他的学生的。特别是由于这个原因,您要把它们看
做最好的箴言。完全的学问王子已经从他的学校脱颖而
出,正如从特洛伊木马中突然出现一样。诚然,在我们意大
利和世界的其他地方受过文学学问熏陶的人,大多数都是
从他的源泉中喷涌而出。再者,如果您全心全意地(如他所
说)致力于遵循这些箴言,您就会从中产出很多果实,这果
实就是不仅证明和保持,而且甚至超越您的天赋能力所允
许的和对您的才能的估计所激起的对您的希望。

1459 年 2 月 15 日于维罗纳

---

① 事实上是"就教学而言"。巴蒂斯塔的意思是,因为他对他的学生马菲奥而言
是处于父辈的地位,所以,他自己的父亲瓜里诺就是马菲奥的祖父辈。

译名对照表

A

Accius 阿克西

Achilles 阿基里斯

Admetus 阿德米都斯

Aemilius Lepidus 伊米利·勒比
都斯

Aeneas 伊尼亚斯

Aetolia 伊托利亚

Africanus 阿弗利开努斯

Agamemnon 阿伽门农

Ajax 阿加克斯

Alan Fisher 阿兰·菲舍

Albericus 阿尔伯里库斯

Albert 阿尔伯特

Alexander 亚历山大

Alfonso I of Aragon 阿瑞贡的阿
尔方索第一

Alcestis 阿尔摄斯提斯

Ambrogio Travesari 安布罗吉
奥·特拉维萨里

Ambrose 安布罗斯

Aphrodite 阿芙罗蒂特

Apolonius 阿波罗尼

Archimedes 阿基米得

Architas 阿契塔斯

Arezzo 阿里佐

Aristotle 亚里士多德

Aristophanes 阿里斯多芬尼斯

Arrian 阿尔里安

Aspasia 阿斯帕西亚

Atellan 阿特兰

Atilius 阿蒂利

Attica 阿提喀

Augustine 奥古斯丁

Augustus 奥古斯都

Aulus Gellius 奥路斯·革利

Aurelius Victor 奥勒利·维克托

Aurunci 奥伦西

Austria 奥地利

B

Babylonian 巴比伦的

Barzizza Gasparino 巴济扎·加
斯帕里诺

Basel 巴塞尔

Basil 巴西尔

Bathsheba 拔示巴

229

Battista　巴蒂斯塔

Boethius　波厄西

Bohemia　波希米亚

Bologna　波洛那

Brescia　布列西亚

Bruni　布鲁尼

Budapest　布达佩斯

Byzantine　拜占庭

C

Caesar　恺撒

Caesarea　西萨里亚

Caligula　卡利古拉

Camaldolensian　卡马尔多伦先

Capella　加培拉

Capodistria　卡波迪斯特里亚

Carlo Malatesta　卡洛·马拉特斯塔

Cartheginians　迦太基人

Cato　加图

Catulus　伽都路斯

Chrysippus　克里西普

Chrysoloras　克里索罗拉斯

Chrysostom, J.　约翰·克里索斯托姆

Cicero　西塞罗

Ciris　西丽斯

Claudian　克劳迪安

Claudius　克劳迪

Clement　克利门

Coluccio Salutati　柯路西奥·萨路他提

Constantine　君士坦丁

Constantinople　君士坦丁堡

Cornelia　康纳利亚

Corsignano　柯尔西纳诺

Coruncanius　柯伦卡尼

Crassus　克拉苏

Crates　克拉底斯

Cretan　克里特人（《圣经》译作革哩底人）

Cumaean　库米人

Curtius, Q　昆图斯·库尔西

Cynthia　月亮女神

Cyprian　赛普里安

Cyrus　居鲁士

D

Dati, Leonardo　列奥纳多·达梯

Daphne　达芙妮

David　大卫王

Decembrio, Uberto　乌伯托·德西姆布里奥

Demetrianus　狄美特里安努斯

Demetrius　德美特里

Democritus　德谟克里特

Demothenes　狄摩西尼斯

Dido　黛朵

Diogenes　戴奥真尼

Dion　狄翁

Dionysius　戴奥尼修

Domitian　多密善

E

Ennius　恩尼

Epaminondas, Theban　特班·埃帕米农达斯

Epicharmus　埃庇查姆斯

Epicurus　伊壁鸠鲁

Epimenides　埃皮米尼德斯

Eratosthenes　伊拉托森尼

Esdras　以斯拉记

Este　埃斯特

Esther　以斯贴记

Etruscans　埃特鲁斯坎

Eugene　尤吉尼

Euripedes　欧里庇底斯

Eustathius　尤斯塔西

Evander　伊凡得尔

F

Fabius　法比

Fabricius　法布里希

Favorinus　法伏里努

Felix　菲力克斯

Ferrara　菲拉拉

Firmianus　菲米亚努斯

Florence　佛罗伦萨

Francesco　弗朗西斯科

Frederick　弗雷德里克

Frontinus　弗朗提努

Furia　芙丽亚

G

Gaius Marius　盖伊·马利

Gaius Sulpicius　盖伊·苏尔皮西

Galeazzo Malatesta　伽利亚佐·
马拉特斯塔

Gambara，Maffeo　马菲奥·甘
巴拉

Gars　加斯

Gasparino Barzizza　伽斯帕里诺
·巴济扎

Giacomo　吉亚科摩

Gian Galeazzo　吉安·伽利亚佐

Gellius　革利

Gnaeas Pompey　格乃尤斯·庞培

Gnesotto　革纳索托

Gonzaga　岗扎加

Gorgias　高尔吉亚

Governolo　戈维诺洛

Gracchi　格拉古兄弟

Grafton，Anthony　安东尼·格拉
夫顿

Gregorio Correr　格里戈里奥·
柯热

Gregory Nazianzen　格里高利·
纳吉安贞

Griffiths　格里费斯

Guarino，Batista　巴蒂斯塔·瓜
里诺

Guarino de Verona　维罗纳的瓜
里诺

H

Hanibal　汉尼拔

HanKins，J　J.汉金斯

Hector　赫克特

Helenus　赫勒努斯

Hercules　赫尔枯勒斯

Hesiod　赫西俄德

Hinderbach，J.　J.新得尔巴赫

Homer　荷马

Horace　贺拉斯

Horatian　荷拉先

Hortensius　荷尔滕西

Hungary　匈牙利

Hyginus　海吉努斯

I

Idylls　伊迪尔斯

Iliad　伊利亚特

Innocent　英诺森

Iris　艾里斯

J

Jacopino　雅可皮诺

Jacopo　雅可波

Jardine，Lisa　利萨·贾丁

Jerome　哲罗姆

John　约翰

J. R. Berrigan　J. R. 贝里根

Jove　即 Jupiter 朱庇特

Judith　犹滴传

Julius Caesar　尤利乌斯·恺撒

Justin　茹斯丁

Juvenale　朱文那尔

K

Kallendorf，C. W.　　C. W. 凯林
道夫

Kaspar　卡斯帕

Konrad，C.　C.康拉德

Kings　列王记

L

Lactantius　拉克坦西

Ladislas　拉迪斯拉斯

Laelius　李利

Leonardo　列奥纳多

Leonidas　列奥尼达斯

Licinius　李西尼

Livy　李维

Longus，Velius　维利·朗古斯

Lot　罗得

Lucan　路坎

Lucilius　卢西利

Lucullus　路苦路斯

Luder，Petrus　彼特路斯·卢
德尔

Lycurgus　莱库古

M

Maccabees　马卡比传

Macedon　马其顿

Macrobius　马克罗比

Maffeo Vegio　马菲奥·维吉奥

Malatesta，Battista　巴蒂斯塔·玛拉特斯塔

Malatesta，Carlo　卡洛·玛拉特斯塔

Malmsey　马姆赛

Mantua　曼都瓦

Marcellus，Marcus　马库斯·马色路斯

Marcus Caelius　马库斯·摄利

Marcus Nobilior　马库斯·诺比利奥

Marius　马利

Marsilietto　马西列托

Martial　马歇尔

Martianus　马蒂亚努

Maximus，Valerius　瓦勒里·马克西姆

Megara　麦加拉城

Menander　梅南得尔

Mevia　梅维亚

Milesian　米利都人

Mincio　明西奥河

Minos　迈诺斯

Mithridates　米斯里得提斯

Modenese　摩德那色

Montefeltro　蒙特菲尔特罗

N

Nature　纳图利（人名）

Nero　尼禄

Nicaea　尼西亚

Nicias　尼西亚斯

Nicholas　尼古拉

Nisus　尼苏斯

Nobilior，Marcus　马库斯·诺比利奥

Novello，Francesco　弗朗西斯科·诺维洛

O

Octavian Augustus　奥克塔维安·奥古斯都

Odysseus　奥德修斯

Odyssey　奥德赛

Ovid　奥维德

P

Pacuvius　巴枯维

Padua　帕都瓦

Palamedes　帕拉米德斯

Palicanus, M. Lolius　M. 洛利·帕力卡努斯

Papias　帕比亚斯

Parthians　帕西亚人

Paul　保罗

Paulus, Lucius　路西·包路斯

Pavia　帕维亚

Peleus　皮琉斯

Penelope　佩纳罗比

Percius　佩尔西

Pericles　伯里克利

Persians　波斯人

Pesaro　庇萨罗

Petrarca, Francesco　弗朗西斯科·彼特拉克

Phalerum　法勒茹姆

Philip　腓力浦

Phoca　福加

Phoebus　菲卜斯

Phoenix　菲尼克斯

Piccolomini　庇柯洛米尼

Pier Paolo Vergerio　庇尔·保洛·维吉里奥

Pindar　品达

Pius Ⅱ　庇护二世

Plato　柏拉图

Plautus　普劳图斯

Pliny　普利尼

Plutarch　普鲁塔克

Poggio Bracciolini　波吉奥·布拉乔利尼

Pompey, Sextus　摄克斯图斯·庞培

Pomponius Mela　庞波尼·麦拉

Pomponius Lucius　庞波尼·路希

Pomponius Porphyrio　庞波尼·波尔菲里奥

Pontus　旁图斯

Porcius　波尔西

Priscian　普里西安

Propertius　普罗佩西

Ptolemy　托勒密

Publius Rutilius　普布利·路提利

Pythagoreans　毕达哥拉斯学派

Q

Quintilian　昆体良

Quintus　昆图斯

R

Rhenish　莱茵河的

Rimini　日米尼

Rusticus　路斯提克斯

S

Sacrobossco　萨克罗波斯柯

Salisbury　萨力斯布里

Sallust　赛路斯特

Salutati，Coluccio　柯路西奥·萨路他提

Samson　参孙

Samuel　撒母耳记

Sappho　莎孚

Sardanapallus　萨达纳帕路斯

Saturnalia　农神节

Saul　扫罗王

Scaevola　司契伏拉

Scandinavia　斯堪的纳维亚

Scipio　西庇奥

Scipio Africanus　西庇奥·阿弗利开努斯

Scipios　西庇奥斯

Scylla　叙拉

Seneca　辛尼加

Seriphos　塞里佛斯

Servius　塞尔维

Sibyl　西比尔

Sicani　希卡尼

Sicily　西西里

Siena　西恩那

Sigismon　西吉斯蒙

Simon　西蒙

Socrates　苏格拉底

Sodom　所多玛城

Sodomites　所多玛人

Solinus　索力努斯

Solomon　所罗门王

Solon　梭伦

Sparta　斯巴达

Statius　斯塔西

Stilpo　司梯尔波

Strabo　斯特拉波

Suetonius　苏厄多尼

Sulla　苏拉

Sulpicius，Gaius　盖伊·苏尔皮西

Sulpicius，Gallus　高路斯·苏尔皮西

Syracuse　叙拉古

T

Tacitus　塔西佗

Taddea d'Este　塔迪亚·德斯特

Tarendum　塔伦都姆

Tereus　特里乌斯

Terrence　特仁斯

Teutonic　条顿民族的

Thales　泰勒士

Theban　特班

Themistocles　狄米斯托克勒斯

Thebaid　底比斯围城记

Theocritus　狄奥克里特

Theodosius　狄奥多西

Theognis　狄奥格尼斯

Theophrastus　迪奥弗拉斯图斯

Thersites　提尔西提斯

Theseus　提修士

Thompson　汤普逊

Tibullus　梯布路斯

Ticino　梯西诺河

Timotheus　提摩都斯

Tinga Plasentinus　廷加·普拉森提努斯

Titus　台塔斯（罗马皇帝）

Titus　提多（使徒保罗的门徒）

Tityrus　梯台茹斯

Trajan　图拉真（皇帝）

Traversari，Ambrogio　安布罗吉奥·特拉维萨里

Trebizond，George　乔治·特列比藏德

Trent　特伦特

Trevor　特列弗尔

Triest　特里斯特

U

Ubertino Da Carrara　伍伯蒂诺·达·卡拉拉
Uberto Decembrio　乌伯托·德西
姆布里奥
Ulysses　乌利色斯（奥德修斯）
Uriah　乌利亚

V

Valerius Maximus　瓦勒里·马克西姆
Varro　瓦罗
Vegetius　维革西
M. Vegio　M.维吉奥
Venice　威尼斯
Venus　维纳斯
Vergerio　维吉里奥
Vergil　维吉尔
Vespasian　维斯帕西安
M. Victorinus　M.维克多利努斯
Vienna　维也纳
Vitellius　维特利
Vittorino　维多里诺
Vulcan　乌尔坎
Villedieu　维勒丢

W

Wendel, Kaspar　卡斯帕·文
德耳
Whittington, Leah　利亚·惠
廷顿
Woodward, William　威廉·伍德
华德

X

Xenophon　色诺芬

Z

Zeno　芝诺
Zeus　宙斯

北京大学出版社教育出版中心
部分重点图书

一、大学教师通识教育系列读本(教学之道丛书)

给大学新教员的建议

规则与潜规则：学术界的生存智慧

如何成为卓越的大学教师

教师的道与德

给研究生导师的建议

理解教与学：高校教学策略

高校教师应该知道的 120 个教学问题

二、大学之道丛书

后现代大学来临？

知识社会中的大学

哈佛规则：捍卫大学之魂

美国大学之魂

大学理念重审：与纽曼对话

一流大学卓越校长：麻省理工学院与研究型大学的作用

学术部落及其领地：知识探索与学科文化

大学校长遴选：理念与实务

转变中的大学：传统、议题与前景

什么是世界一流大学？

德国古典大学观及其对中国大学的影响

学术资本主义：政治、政策和创业型大学

高等教育公司：营利性大学的兴起

美国公立大学的未来

公司文化中的大学

21 世纪的大学

我的科大十年(增订版)

东西象牙塔

大学的逻辑(增订版)

三、大学之忧丛书

高等教育市场化的底线

大学之用(第五版)

废墟中的大学

四、管理之道丛书

世界一流大学的管理之道

美国大学的治理

成功大学的管理之道